I0794785

¿Qué Mueve Tu Escalera?

15 desafíos a los que todo líder se enfrenta

¿Qué Mueve Tu Escalera?

15 desafíos a los que todo líder se enfrenta

Samuel R. Chand

Whitaker House

Los textos en negrita y cursivas son énfasis del autor.

Traducido por:
Belmonte Traductores
Manuel de Falla, 2
28300 Aranjuez
Madrid, ESPAÑA
www.belmontetraductores.com

Editado por: Ofelia Pérez

¿QUÉ MUEVE TU ESCALERA?
15 desafíos a los que todo líder se enfrenta

ISBN: 9-781-62911-630-3
eBook ISBN: 9-781-62911-631-0

Impreso en los Estados Unidos de América

www.samchand.com

Whitaker House
1030 Hunt Valley Circle
New Kensington, PA 15068
www.whitakerhouseespanol.com

Por favor, envíe sugerencias sobre este libro a: comentarios@whitakerhouse.com.

3 4 5 6 7 8 9 10 11 ɯ 22 21 20 19 18

Contenido

INTRODUCCIÓN

¿QUÉ MUEVE TU ESCALERA?

Los aludes de barro en California en el año 2005 arrasaron con casas, vehículos y carreteras. En un caso, una roca grande se soltó y rodó hasta la autopista, creando un obstáculo infranqueable que dejó varados a motoristas en ambos lados. Una fotografía de la escena que apareció en los periódicos al día siguiente, ilustraba el problema mejor que cualquier artículo. Mostraba la frustración de los conductores que no habían anticipado el tiempo o sus consecuencias, y se encontraron atrapados por sus circunstancias.

¿QUÉ TE OBSTACULIZA?

¿Hay una gran "roca" en tu vida que representa una barrera para que alcances una posición de liderazgo? ¿Qué te obstaculiza para llegar al destino que te espera al otro lado? Permite que haga la pregunta de otro modo: ¿Cuál es tu mayor reto de liderazgo? ¿Qué es eso que, si se maneja exitosamente, podría llevarte al lugar donde Dios te ha llamado a estar? ¿Cuál es la "roca" en medio de tu autopista hacia la excelencia en el liderazgo?

Cuando presento seminarios de liderazgo a cualquier audiencia, he descubierto que todos los líderes se encuentran con las mismas luchas. Y durante el curso de mis años de experiencia, he identificado quince desafíos comunes y compartidos por todos los líderes, desde principales oficiales ejecutivos de corporaciones hasta directores de escuela, desde pastores de mega iglesias hasta capitanes del ejército. En este libro vamos a examinar en detalle cada uno de esos quince desafíos, y a hablar de cómo vencerlos.

Desafíos comunes a todos los líderes

1. Enfoque: Encontrar lo que es importante y mantenerse enfocado en eso.
2. Lanzar la visión: Aprender cómo lanzar la visión de un modo que motive a las personas a responder.
3. Comunicación: Decirlo de tal manera que todos lo entiendan.
4. Toma de decisiones: Entender cómo se toman las decisiones para poder tomarlas mejor.
5. Escoger al equipo: Tomar decisiones críticas respecto a quién reclutar o contratar.
6. Desarrollo de liderazgo: Crecer uno mismo y hacer crecer a los demás.
7. Cambio vs. transición: Planificar transiciones intencionadamente para lograr un cambio más suave.
8. Conflicto: Entienda la importancia de la salud durante el conflicto.
9. Congruencia organizacional: Alinear estructuras formales e informales con la visión.
10. Administración financiera: Buscar consejo de asesores expertos.
11. Distribución del tiempo: Distribuir eficientemente el recurso del tiempo.

12. Control vs. delegación: Aprender cuándo irse y cuándo dejar ir.
13. Ejecución: Completar el trabajo.
14. Pensamiento de futuro: Enfocarse en lo que viene después.
15. Dejar un legado: Transmitir valores a generaciones futuras.

Abordé estos mismos quince retos durante los años que serví como presidente de *Beulah Heights Bible College* (ahora llamada *Beulah Heights University*). Cada vez que confrontaba uno de estos retos, pensaba: ¿Soy yo el único que ha tenido que enfrentarse a esto antes? Pero ahora, como consultor de liderazgo, hablo con miles de líderes cada año, y he aprendido que los líderes tienen más cosas en común que diferencias.

Los líderes necesitan saber que no son los únicos que se enfrentan a las trabas que encuentran. Pueden aprender a reconocer los patrones que conducen al éxito o al fracaso de otros que se han enfrentado a circunstancias parecidas.

Los líderes también necesitan tener en mente que estos retos no son solamente una "fase" que atraviesan una vez, y ya no tienen que volver a preocuparse al respecto. Tan solo porque un líder sepa cómo manejar un reto una vez, no significa que él o ella no volverá a afrontar ese mismo reto. En cambio, todos los líderes seguirán enfrentando los mismos obstáculos a lo largo de sus vidas personales y profesionales.

Piensa en ello. ¿Cuántos de nosotros hemos dicho: "Ojalá pudiera organizarme"? La idea implícita es que si nos organizamos una vez, nunca tendremos que volver a hacerlo. Pero eso sencillamente no es cierto. Podemos controlar el desorden temporalmente, pero al aceptar responsabilidades adicionales, automáticamente heredamos desorden adicional. Sea que el desorden esté en nuestra oficina (papeleo adicional), en nuestro horario (reuniones adicionales) o en nuestra mente (falta de enfoque), el reto seguirá ocurriendo.

Del mismo modo, los quince retos presentados en este libro no son como una roca en medio de la autopista que rodeamos una vez y nunca más volvemos a encontrar. Si estamos teniendo problemas para manejar un presupuesto de dos millones de dólares, imagina lo que será manejar un presupuesto de veinte millones de dólares. Si experimentamos desafíos con un equipo de cinco, piensa en los desafíos que tendremos con un equipo de cincuenta o incluso de cien personas. Repito: estos retos no son piedras que rodeamos una vez, y nunca más volvemos a encontrar. Seguirán "sacudiendo" nuestro mundo y requerirán nuestra atención continuada.

La analogía de la escalera

En mi tercer libro, *¿Quién sostiene tu escalera? La decisión más importante de liderazgo: Seleccionar tus líderes,* desarrollé una analogía de una escalera, representando la visión del líder, y un "trepador de escalera", o el líder en busca de esa visión. Pero ningún líder puede hacerlo solo. Para trepar hasta lo alto de la "escalera" de su visión personal, el líder debe tener a alguien que sostenga la escalera: un equipo de apoyo.

A muchos lectores les resultó tan útil esa analogía, que decidí continuar con ella en mi cuarto libro: *Who Moved Your Ladder?: Your Next Bold Move* (¿Quién movió tu escalera? tu siguiente movimiento osado). En él hablo de temas como de qué modo responder cuando Dios comienza a cambiar a un líder de una "escalera" a otra, sea esa escalera una visión o un lugar físico.

La analogía de una roca que bloquea una autopista, la cual presenté al comienzo de este libro, puede ayudarnos a identificar el reto específico que te está bloqueando. Sin embargo, no ilustra eficazmente la naturaleza continuada de ese y otros retos. Por eso decidí ampliar la analogía de la escalera a este libro. El título sirve para recordarnos que los retos que enfrentamos no son algo que tratamos una sola vez, y después nunca más tenemos que preocuparnos al respecto. En cambio, cuanto más alto subamos en la escalera, más moverán la escalera completa las reverberaciones de esos retos, desde abajo hasta arriba.

Cuanto más alto subamos en la escalera, más moverán la escalera completa las reverberaciones de esos retos.

Nuestra tarea como líderes es aprender cómo sujetarnos a la escalera, incluso cuando está siendo movida. Es también nuestra responsabilidad saber cómo podemos prevenir, o al menos minimizar, tales "sacudidas" en el futuro. ¿Podemos reducir las reverberaciones? ¿Podemos evitar que oscile lo alto de la escalera? ¿Podemos asegurar mejor la base?

La clave para asegurar nuestros fundamentos y estabilizar nuestra "escalera" es entender los quince retos comunes a todos los líderes. Estos retos seguirán moviendo nuestras escaleras, pero podemos aprender a sujetarnos con fuerza, a anticipar cuándo llegarán los temblores a nuestro camino, y a minimizar la duración de la sacudida.

PUNTOS DE ENSEÑANZA

Cada uno de los quince retos se aborda en su propio capítulo, al final del cual habrá una lista de "Puntos de enseñanza" pensados para proveer un breve resumen del capítulo, y algunas sugerencias prácticas sobre cómo evitar que ese reto en particular mueva tu escalera. Cuando hayas terminado de leer el libro, los "Puntos de enseñanza" servirán como una referencia rápida para manejar cada reto, al igual que como un bosquejo en caso de que desearas enseñar el material a tu plantilla de personal.

CAPÍTULO 1

ENFOQUE

"El enfoque está reflejado en la capacidad de identificar y dedicar la mayor parte de tu tiempo y energía a los 'pocos y críticos' objetivos y asuntos, a la vez que sigues manejando los 'muchos importantes'."

—Sam T. Manoogian
consultor independiente de liderazgo

El pastor Walker mira por la ventana de la oficina de su iglesia, preguntándose qué hacer después. La noche anterior, un respetado diácono había presentado una idea para un nuevo programa de evangelismo diseñado para alcanzar a hombres de negocios y hogares cercanos a la iglesia. Esa mañana, el ministro de música había querido discutir la posibilidad de añadir un segundo servicio de adoración con un tipo de música diferente, para atraer a personas nuevas a la iglesia. Ambas ideas obviamente podían alcanzar a personas nuevas, pero la iglesia está en medio de un proyecto de construcción: la edificación de un nuevo santuario. Si el trabajo ha de terminarse a tiempo, el pastor Walker debe ocuparse de la pila de papeleo cada vez mayor que está sobre su escritorio.

Mientras mueve y reorganiza los documentos, ve una tarjeta de presentación y recuerda la conversación que tuvo con el hombre que se la dio. El caballero era un conocido evangelista cristiano con un ministerio nacional como conferencista que él buscaba extender, y había pedido al pastor Walker que se uniera a él como orador invitado en sus conferencias. El pastor Walker quedó halagado por la invitación, pero ahora se pregunta si es el momento adecuado para aceptarla. A medida que sopesa las oportunidades y decisiones que tiene delante, el pastor Walker se siente abrumado.

Los líderes con frecuencia tienen tantas oportunidades ante ellos que es difícil enfocarse solamente en una. Decidir sobre nuevos productos y servicios qué añadir, cambiar un enfoque de mercadeo, evaluar las oportunidades de expansión... las opciones pueden ser abrumadoras. ¿Cómo se enfoca el líder en las "pocas y críticas", mientras sigue manejando las "muchas importantes"?

ENCONTRAR ENFOQUE NO ES DIFÍCIL; LO DIFÍCIL ES MANTENERLO

La campaña capital en su iglesia debería ser el enfoque principal del pastor Walker. Él probablemente lo sabe, pero no puede evitar la distracción. Si un diácono tiene una gran idea para una nueva táctica de alcance a la comunidad, eso está bien, pero ese no es el enfoque principal del pastor. Si el ministro de música quiere comenzar un segundo servicio, eso es emocionante, pero tampoco es su enfoque. El proyecto de renovación es su prioridad; es su roca en medio de la autopista. Cuando el nuevo santuario esté terminado, entonces el pastor Walker puede dirigir su atención a nuevas oportunidades de alcance y servicios adicionales. Pero hasta que el nuevo santuario esté listo, los otros programas y proyectos no alcanzarán su pleno potencial porque el pastor siempre estará distraído por asuntos relacionados con la construcción.

Cuando yo era el presidente de una universidad bíblica, las personas siempre intentaban darme algo nuevo en lo cual enfocarme: ideas para un nuevo programa de estudio o para una nueva dirección que la universidad "debiera seguir". Alguien me decía: "Tienes que ofrecer una concentración mayor en este campo". Otra persona me decía: "Sabes que hay una verdadera necesidad de este servicio en el mercado". "Si añadieras tal y tal cosa, sé que podría conseguir mucho apoyo."

Las personas a las que lideramos tienen sus propias agendas para nosotros, lo que significa que el enfoque es el mayor reto que enfrentan los líderes en cada nivel de liderazgo. Aunque las ideas de otro pueden ser dignas de consideración, pueden distraernos de nuestra misión. Cada mañana llegamos a la oficina con un plan, pero si no tenemos cuidado, nuestros planes cambiarán o incluso serán desplazados por los planes de otros.

El enfoque es el mayor reto que enfrentan los líderes en cada nivel de liderazgo.

Todos hemos tenido días en que sentimos que no hemos logrado nada. Nos sentimos como un Ferrari conduciendo por la zona escolar; no podemos conducirlo a plena potencia. Hemos dado el diez por ciento a este proyecto y el doce por ciento a aquel proyecto, pero no hemos pisado el acelerador a fondo en ningún proyecto. Nos preguntamos cómo podemos lograr algo.

Eso es lo que el diablo quiere. Puede que Satanás nunca nos tiente a robar un banco, oler cocaína, o engañar a un cónyuge. No tiene que hacerlo si puede evitar que logremos cualquier cosa para el reino de Dios. En lugar de sacarnos de nuestro trabajo seduciéndonos al pecado, puede mantenernos en nuestro trabajo sin hacer nada. Si retenemos nuestra posición y a la vez demostramos ser ineficientes, él sale ganando. Lo que no puede contaminar, lo diluirá.

EL CRECIMIENTO MULTIPLICA LAS DISTRACCIONES

A medida que las organizaciones que lideramos experimentan crecimiento, aumentan también las distracciones potenciales. Cuando comenzamos una empresa, lo único que queremos es que unas pocas personas trabajen a nuestro lado para aumentar nuestra clientela. No nos preocupamos por el espacio de oficinas, la adquisición de terrenos, los beneficios salariales, ni nada como eso. Nuestro único enfoque es encontrar cinco personas que estén vivas y dispuestas a ayudar.

Cinco personas pronto aumentan a quince personas. A medida que aumenta el número de personal, el ambiente de trabajo se vuelve más importante. Ya no pueden seguir trabajando en el espacio prestado; necesitan una oficina propia. Por lo tanto, ahora tenemos personas y planta física como nuestro enfoque.

Cuando la plantilla de personal aumenta a veinticinco o treinta, tenemos que establecer programas. Manejar esos programas requiere sistemas y procedimientos. De repente, el enfoque no está solamente en las personas. Ahora tenemos que considerar la planta física, los programas y los procedimientos. Nuestro enfoque se diluye.

Después, las personas dentro y fuera de la organización quieren saber cómo planeamos crecer. Ahora debemos tener un plan. Cuando había solamente cinco personas, nuestro único plan era intentar reunir a tres o más de ellas al mismo tiempo. Eso ya no es suficiente. Ahora debemos tener un plan para hoy, para mañana, y para dentro de cinco años. Cuando comenzamos, ni siquiera teníamos una cuenta bancaria. Ahora tenemos problemas de contabilidad, deducciones salariales e informes de impuestos. Y nunca termina. Lo que comenzó como un enfoque único se ha convertido ya en un revoltijo de ladrones de enfoque que exigen atención.

A medida que experimentamos crecimiento, nos distrae el creciente número de necesidades de las 5 P's: personal, planta física, programas, procedimientos y planes.

Si miramos nuestra creciente organización y vemos que las personas están confusas, antes de culparlas necesitamos detenernos y hacernos la pregunta: "¿Cuán enfocado estoy yo?". Cuando nos desenfocamos, las personas que lideramos están inseguras acerca de cómo responder y, por lo tanto, son incapaces de avanzar.

Otras señales de estar distraído incluyen las siguientes:

1. Marginalización. La marginalización sucede cuando nuestra aportación e influencia se reducen o se limitan a unas pocas áreas. Otras personas toman decisiones sin consultarnos, o asistimos a una reunión para "votar" sobre un asunto cuyo resultado ya está decidido.

2. Desviaciones. Cuando cosas que no son esenciales ocupan nuestro tiempo y nuestros pensamientos, o cuando los recursos se gastan en proyectos que no son necesarios, perdemos nuestro enfoque. Si el pastor Walker pasa su tiempo escogiendo canciones para el servicio de adoración en lugar de terminar papeleo relacionado con la construcción del nuevo santuario, se ha desviado de lo importante por lo trivial.

3. Ataques. Resistencia y ataques encubiertos pueden quitar nuestro enfoque del asunto principal. Como dije anteriormente, puede que no sea un pecado grave el que Satanás utilice para atacarnos, sino más bien todo un conjunto de pequeñas distracciones.

4. Seducciones. Cuando agradar a nuestros aliados se vuelve más importante que permanecer en un curso difícil, pero a la vez noble, sin duda estamos distraídos. Por ejemplo, si el pastor Walker tiene miedo a defraudar al diácono, y lo alienta a avanzar con el proyecto de evangelismo sin prestarle mucha consideración, el pastor ha sido seducido por el deseo de caer bien.

El significado de enfoque

Sabemos que mantener el enfoque es difícil. Puede que incluso te resulte difícil continuar leyendo este libro debido a las distracciones a las que te enfrentas en este momento. Pero si dejas de leer cada vez que suena tu teléfono celular, cuando llega un nuevo correo electrónico, o cuando sale tu programa de televisión favorito, nunca alcanzarás las soluciones que esperas encontrar. Mantener el enfoque es difícil.

Por lo tanto, ¿qué es el enfoque, exactamente, y cómo lo mantenemos?

Un pastor amigo mío me dio una estupenda perspectiva sobre el enfoque. Me dijo que mientras él oraba, el Señor le había ayudado a entender el significado del enfoque. Lo expresó del modo siguiente.

Enfoque:

1. Primero lo primero.
2. Otras cosas en segundo lugar.
3. Elimina lo que no es importante.
4. Unifica tras la visión.
5. Permanece en ello.

El enfoque requiere que pongamos en primer lugar las cosas importantes, y releguemos todo lo demás a un segundo lugar. Si podemos eliminar lo poco importante y unificar tras la visión, siempre mantendremos un enfoque adecuado. Desde luego, lo más importante es permanecer en ello.

Para mantener el enfoque en nuestro negocio u organización, no solo tenemos que estar enfocados nosotros, sino también tiene que estarlo todo aquel que trabaje con nosotros. En cuanto los reclutemos, tenemos que establecer en lo que ellos deben enfocarse.

La mayoría de los líderes pueden hacer hasta ocho cosas a la vez, y hacerlas todas bien. Como resultado, con frecuencia esperan la misma habilidad de las personas que trabajan para ellos, olvidando que la multitarea no es el punto fuerte de todos.

Digamos que yo soy el principal oficial ejecutivo de una empresa y recluto a un nuevo contable llamado Bob. Cuando él comienza a trabajar, pronto me doy cuenta de que es un talentoso diseñador de sitios web. Hace algún tiempo que necesito un sitio web actualizado, de modo que le pido a Bob que vea lo que puede hacer para mejorar el sitio web de la empresa.

Cuando los demás en mi organización se enteran del trabajo de Bob en el sitio web, le piden que añada información o fotografías a su propia sección del sitio. Poco después, Bob está empleando más tiempo en actualizar el sitio web de la empresa que en procesar los pagos de salarios.

Repito que los líderes estamos acostumbrados a tener que hacer varias cosas a la vez, pero con frecuencia tenemos exigencias poco realistas sobre las capacidades de multitarea en las personas que lideramos. Puede que digamos algo parecido a: "Aquí todo el mundo maneja cinco tareas". Aunque puede haber veces en que todo el mundo tenga que dar un paso adelante y realizar hasta quince tareas a medida que la organización crece, tenemos que añadir personas que estén enfocadas singularmente, y permitirles que mantengan este enfoque en lugar de causarles distracciones.

Al pedir a Bob que trabaje en el sitio web, esencialmente le hemos alentado a abandonar su enfoque en la contabilidad; el trabajo para el cual le contratamos. ¿Qué sucede en nuestra siguiente reunión cuando alguien pide ver el último informe financiero?

Bob dirá: "No lo hice porque estaba actualizando el sitio web de la empresa".

¿Quiero intervenir y decir a los otros empleados: "A propósito, gracias por financiar este nuevo puesto de contabilidad que tanto necesitábamos, pero tengo a Bob haciendo otra cosa en este momento" ?. No. Lo contraté para ser el contable porque yo necesitaba un contable, y necesito que Bob haga ese trabajo. El hecho de que esté desempeñando otros roles se debe a que yo no definí su enfoque con suficiente claridad. Las otras personas en la reunión no juzgarán a Bob por sus habilidades en sitios web; lo juzgarán solamente por su desempeño como contable.

Con frecuencia cuando contratamos a alguien, le decimos, por ejemplo: "Usted empleará el 30 por ciento de su tiempo haciendo esto, y el 70 por ciento de su tiempo haciendo aquello". Suena bien, y puede que incluso se vea bien sobre el papel. Pero lo principal, lo que debería estar ocupando el 70 por ciento del tiempo del empleado, a menudo se convierte en lo que más se descuida. Si la razón de ese descuido es que hemos estado asignando otras tareas al empleado, no podemos culparlo. Habría que culparnos a nosotros como líderes, porque no le permitimos mantenerse enfocado en la tarea. Como líderes, debemos ayudar a quienes nos rodean a entender cuál es su enfoque adecuado y a permanecer en él.

Como líderes, debemos ayudar a quienes nos rodean a entender cuál es su enfoque adecuado y a permanecer en él.

Y nosotros debemos permanecer en nuestro propio enfoque adecuado. A veces somos tentados a intervenir y ayudar a quienes lideramos a hacer sus tareas, en lugar de liderarlos delegando. Sabemos que estamos inclinados a hacer el trabajo nosotros mismos en lugar de liderar, cuando hacemos afirmaciones como las siguientes: "Oye, puedo hacer eso por ti". "Te ayudaré a terminar eso; he hecho algo igual antes." "Vamos a sentarnos a repasar todas las cosas que necesitas para el proyecto." "Sí, he usado ese método antes. Deja que saque algunas cosas de mis archivos para ti."

Si cada uno en la organización, incluso el líder, usa solamente un sombrero, entonces podemos exigir y esperar ver niveles más altos de responsabilidad y desempeño. Nuestro enfoque debería estar en liderar a las personas en nuestra organización hacia el sombrero correcto, y ayudarlas a mantenerlo en su cabeza.

EL ENFOQUE DEBE FLUIR DEL *QUIÉN*

¿Cómo encontramos nuestro enfoque? La definición estilo acróstico que compartí anteriormente nos da algunos consejos prácticos para mantener el enfoque, pero ¿y si no sabemos en un principio cuál debería ser nuestro enfoque? Podríamos pensar que agarrar cuaderno y pluma, y hacer una lista de las cosas que necesitamos hacer nos ayudará a determinar nuestro enfoque. Entonces, tomamos la lista de 18 tareas, o de 118, y las organizamos por categorías, intentando formar algunas rocas grandes de una plétora de pequeñas piedras. A continuación, priorizamos esas rocas, y escogemos una como nuestro enfoque para el día. Pensamos que hacer una lista producirá enfoque. Pero hacer una lista de quehaceres solamente nos muestra en los que ya estamos; no nos permite seleccionar un enfoque adecuado.

Aquello en lo que nos enfocamos siempre debe fluir de quiénes somos. Por lo tanto, el lugar de comienzo para encontrar enfoque debería ser siempre hacernos a nosotros mismos preguntas como estas: "¿Quién soy yo?" "Si fuera a morir hoy, ¿qué lamentaría más dejar sin terminar?"

Aquello en lo que nos enfocamos siempre debe fluir de quiénes somos.

Cuando hemos definido quiénes somos, entonces estamos equipados para identificar el *qué* de nuestro enfoque, porque el *qué* debe fluir del *quién*. Esto es cierto para toda nuestra organización también, porque la organización es el reflejo de la visión del líder, o el *quién*. Nuestro enfoque, nuestra visión, *es lo que* hacemos. Y los miembros de nuestra organización no pueden seguir el qué hasta que no entiendan el quién.

Planes estratégicos, iniciativas y otros proyectos deberían surgir de la visión del líder para la empresa u organización. Si un proyecto no encaja en la visión, no debería hacerlo. Eso no significa que sea un mal proyecto. Solo significa que no es para su organización en este momento.

Mantuve una conversación sobre este tema hace varios años con el obispo Eddie L. Long, quien dirige una iglesia de más de 25.000 miembros cerca de Lithonia, Georgia. Pasamos horas intentando saber cuál era su visión. Finalmente, terminamos con el acrónimo *FLY: Family, Leadership and Youth* (Familia, Liderazgo y Juventud). Como el obispo Long había expresado su visión, o enfoque personal, eso le permitió mover todo lo que tenía que ver con *FLY* hasta la cima de su lista de prioridades. Si algo no encajaba en las categorías representadas por *FLY*, no significaba que nunca se hiciera. Solamente significaba que no era una prioridad para él y para su iglesia en ese momento. Con un claro enfoque, el obispo Long y su plantilla de personal son capaces de distribuir dinero, tiempo y otros recursos a los programas que están en consonancia con la visión de *FLY*, antes de emplear esos recursos en otros programas. Sin culpabilidad, él también puede decir no a cosas que le distraen de esta visión.

Es importante encontrar nuestro enfoque, pero también necesitamos tener en mente que nuestro enfoque está abocado a cambiar durante el curso de nuestra vida. A medida que envejecemos, llegamos a un punto en que decidimos que queremos dedicar más tiempo a menos cosas. Entonces nuestro enfoque disminuye aún más. Quizás el obispo Long sentirá la necesidad de formar a líderes, o quizás se enfocará en fortalecer a las familias. Puede que sea otra cosa totalmente diferente. Pero independientemente de *lo que* él haga, siempre será un resultado de *quién* es él.

EL ENFOQUE DEBE SER COMUNICADO

Cuando hemos identificado nuestro enfoque, necesitamos comunicarlo por toda nuestra organización. Cubriremos este proceso en detalle en el siguiente capítulo, pero debemos establecer aquí un par de puntos. En primer lugar, el proceso real de comunicar brevemente la visión puede ayudarnos a agudizar nuestro enfoque aún más. Necesitamos ser capaces de comunicar utilizando pequeños fragmentos. Si no podemos condensar la visión en una frase que quepa en una camiseta, ¿estamos realmente enfocados? ¿O podríamos refinar el enfoque aún más?

Si no podemos condensar la visión en una frase que quepa en una camiseta, ¿estamos realmente enfocados?

En segundo lugar, los miembros de tu organización tienen más probabilidades de trabajar hacia tu visión expresada si tienen claro cuál es. Cuando tomamos tiempo para ayudar a nuestra plantilla de personal a entender *por qué* están haciendo *lo que* hacen, les damos una comprensión más profunda de su enfoque. Al compartir quiénes somos, nuestra visión, y cómo *lo que* ellos hacen se relaciona con esa visión, les mostramos que quienes son ellos también es importante.

Llevar a las personas a pensar a este nivel aumentará el diálogo acerca del enfoque dentro de la organización. Si invitamos a una conversación sincera y abierta, puede que descubramos que los miembros de nuestra plantilla comienzan a hacer preguntas inquisitivas. Al principio, esto puede que nos haga sentir incómodos, pero no deberíamos sentirnos amenazados. Las preguntas inquisitivas indican que nuestros empleados están pensando a nivel organizacional. Participar y alentar este tipo de diálogo promueve una mejor toma de decisiones, y una administración más eficiente del tiempo y los recursos.

Si el pastor Walker no sabe qué hacer después, imagina lo confusos que deben sentirse los miembros de su personal. Nuestro enfoque es nuestra luz. Si se dispersa, aún así puede iluminar una habitación. Pero cuando se concentra, enfocada como un rayo láser, no hay herramienta de liderazgo más poderosa.

Puntos de enseñanza

1. Encontrar enfoque no es difícil; lo difícil es mantenerlo.
2. Enfoque es el mayor reto que enfrentan los líderes en cada nivel de liderazgo.
3. Lo que Satanás no pueda contaminar, lo diluirá.
4. El crecimiento multiplica nuestras distracciones.
5. Las señales de estar distraído incluyen:
    - Marginalización
    - Desviaciones
    - Ataques
    - Seducciones
6. Enfoque:

    a. Primero lo primero.
    b. Otras cosas en segundo lugar.
    c. Eliminar lo poco importante.
    d. Unificar tras la visión.
    e. Permanecer en eso.
7. Asigna un enfoque a cada persona que contrates, y recuerda que aunque la capacidad para la multitarea pueda verse bien

sobre el papel, con frecuencia es la culpable de una pérdida de enfoque.

8. Sé un líder que delega, y evita la tentación de hacer los trabajos de los demás por ellos.

9. Si todos hacen una sola tarea, puedes pedir y esperar niveles más altos de responsabilidad y desempeño.

10. El enfoque no se encuentra haciendo listas de quehaceres. Se encuentra cuando nos hacemos preguntas como las siguientes: "¿Quién soy yo?". "Si fuera a morir hoy, ¿qué lamentaría más dejar sin terminar?".

11. Cuando definimos quiénes somos, podemos identificar el qué de nuestro enfoque. El qué tiene que surgir de nuestro quién.

12. Nuestro enfoque cambiará durante el curso de nuestra vida.

13. El enfoque de una organización debe ser comunicado clara y continuamente.

14. No te pongas a la defensiva cuando las personas a quienes lideras comiencen a hacer preguntas sobre el enfoque de tu negocio u organización.

15. El enfoque tiene que estar tan concentrado como un rayo de luz láser.

Capítulo 2

LANZAR LA VISIÓN

"La esencia misma del liderazgo es que tienes que tener visión. No puedes tocar una trompeta incierta."

—Theodore Hesburgh
presidente de *Notre Dame University* durante 35 años

Yo no soy pescador. Aún así, cada verano me encuentro en una barca esperando atrapar algo: un pez pequeño, una gran bota, o incluso un resfriado, de modo que no me avergüence de mí.

Sirvo junto con otros cuatro consejeros de negocios en la junta de una iglesia en Las Vegas. Cada año, los cinco asistimos a un retiro en Missoula, Montana, donde todos nos subimos a una barca, remamos por el río Bitterroot, y pescamos con mosca.

La pesca con mosca es diferente al tipo de pesca lanzando la caña que la mayoría de las personas conocen. En la pesca con mosca, la clave está en el lanzamiento. La mejor caña, el mejor carrete y el cebo perfecto no ayudarán. A menos que el pescador sepa cómo lanzar, no pescará nada.

El lanzamiento perfecto requiere que ambas manos trabajen al mismo tiempo, tirando y lanzando simultáneamente. Al menos, creo que así es. No lo sé con seguridad porque nunca he pescado nada. ¿Las otras personas en mi barca? Ellos saben lanzar. La prueba está en los peces que pescan.

El pasado mes de julio, me frustraba cada vez más cuando observaba a otro miembro de la junta pescar algo en cada tercer lanzamiento. Yo lancé y lancé durante todo el día, y no pesqué nada. Sin embargo, sí aprendí una lección importante: el poder no está en el número de veces que uno lance. El poder está en el lanzamiento perfecto.

Lo mismo es cierto con respecto a lanzar una visión. Podemos tener la visión "perfecta", pero a menos que sepamos cómo lanzar esa visión, nunca agarrará a nadie.

El poder no está en el número de veces que uno lance. El poder está en el lanzamiento perfecto.

Con frecuencia los líderes creen que lanzar la visión significa meramente decir a otras personas cuál es el plan, por ejemplo: "Oigan todos, escuchen. Vamos a construir un nuevo espacio multiusos". Eso no es lanzar la visión; es un anuncio que ayuda a explicar por qué el estacionamiento está a punto de disminuir de tamaño. Lanzar la visión es menos parecido a un anuncio, y más parecido a un lanzamiento que usan los profesionales para atraer a potenciales inversores. Cuando los líderes de negocios quieren extenderse, tienen que encontrar a alguien que invierta dinero ahora, con la promesa de una futura recompensa. Para que un líder de negocios consiga a un inversor, no solo tiene que comunicar el plan; también tiene que vender los futuros beneficios.

Cuando lanzamos nuestra visión, debemos pensar en ello del mismo modo. No estamos tratando de informar a la gente; estamos intentando hacer que la gente invierta. Y para captar la imaginación de esos inversores en potencia, necesitamos tener un plan estratégico basado en el tipo de personas a las que intentamos pescar.

Cinco tipos de personas

Hablando en general, hay cinco tipos distintos de personas que necesitamos "pescar" cuando lanzamos nuestra visión. Cada tipo responde a una variedad única de "cebo" o "anzuelo". Nuestro lanzamiento será más exitoso si comprendemos a las personas que intentamos pescar, y entonces escogemos nuestro cebo y lanzamos nuestro anzuelo en consecuencia.

Acogedores entusiastas

Los *Acogedores entusiastas* se emocionan respecto a adoptar nuestra visión. Están más adelante de la curva y creen que cualquier cosa que proponemos es una buena idea, desde el momento en que la sugerimos. No necesitan oír todos los detalles. Alimentarán nuestra visión, la multiplicarán, y nos la devolverán con sus propias ideas novedosas. Tienen energía, y están al tanto de la visión todo el tiempo. Desafortunadamente, hay pocos de ellos. Los *Acogedores entusiastas* constituyen aproximadamente el 2 por ciento de la población.

Acogedores iniciales

Como los *Acogedores entusiastas,* los *Acogedores iniciales* captarán pronto nuestra visión, quizás con menos fervor que los *Acogedores entusiastas.* Sin embargo, estas personas permanecerán trabajando con nosotros hacia realizar la visión. Los *Acogedores iniciales* constituyen aproximadamente el 18 por ciento de la población.

Intermedios

Los *Intermedios* son el grupo más grande, constituyendo aproximadamente el 60 por ciento de la población. Cuando estas personas oyen sobre nuestra visión, quieren algún tiempo para pensar en ella. Aun después de haber considerado lo que les hemos dicho, siguen estando en el medio. No están en contra de la visión, pero tampoco a favor de ella. De hecho, probablemente no tomarán una decisión hacia un lado u otro a menos que un amigo los convenza para hacerlo. En política, este tipo de persona se denomina votante indeciso. Es la persona que no mantiene ninguna lealtad en particular y, por lo tanto, lo mismo puede emitir el voto por el candidato demócrata, o por el candidato republicano, por ejemplo.

Acogedores tardíos

Contrario a los *Acogedores intermedios*, los *Acogedores tardíos* deciden de antemano que no están a favor de cualquier cosa que esté sobre la mesa. Sin embargo, más tarde, cuando no les queda otra opción, otorgan su apoyo a regañadientes. Constituyen aproximadamente el 18 por ciento de la población.

Nunca acogedores

Siempre podemos contar con que los *Nunca acogedores* estén en desacuerdo, independientemente de cuál sea el asunto. No intentes hacerles cambiar de idea; ya tienen formada su opinión. Afortunadamente, los *Acogedores nunca* constituyen solo el 2 por ciento de la población.

Lanzamiento por "tipo"

Cuando nos preparamos para lanzar nuestra visión, sabemos que el principal 20 por ciento de nuestra audiencia nos apoya con fuerza, sin duda alguna. El último 20 por ciento está contra nosotros y hará muchas preguntas. Por lo tanto, seríamos sabios al tener como objetivo a los *Intermedios*: el 60 por ciento que aún no ha decidido.

Desafortunadamente, lo que hace la mayoría de los líderes es ignorar al principal 80 por ciento, e inmediatamente intentan apaciguar al 20 por ciento de abajo: un grupo de personas negativas, pesimistas y rutinarias que no van a ninguna parte. Aunque es perder una batalla, siguen regresando a este grupo de personas esperando cambiar sus opiniones. Ofrecen un nuevo cebo; consiguen una mejor caña y un mejor carrete; siguen enmarcando su visión de una manera que esperan que capte la imaginación de los dudosos. Pero sin importar cuántas veces lancemos el hilo de nuestra visión a los *Acogedores tardíos* y a los *Nunca acogedores*, es muy poco probable que pesquemos esos peces.

Digamos que vas conduciendo a la oficina para presentar una idea a cinco de tus colegas. Cuatro de ellos (Andrew, Beverly, Cynthia y Darius) son optimistas, positivos, y generalmente están de acuerdo con ideas nuevas. Eric, por otro lado, es fastidiosamente negativo. Hace repetidamente las mismas preguntas, no puede trazar la visión, y no seguirá el programa. Los otros cuatro están a bordo; lo entienden y están listos para avanzar. Durante el viaje, mientras piensas en tu próxima reunión, ¿quién está en primer lugar en tu mente? Eric. Cuando ensayas mentalmente tu presentación, piensas en Eric. Muy pronto, has tomado tu idea de tamaño Dios, y la has convertido en una de tamaño Eric, esperando que, al hacerlo, logres que él la acepte.

Yo tengo una sugerencia radical. Es contraria a lo que hace la mayoría de las personas, y tomará algún tiempo acostumbrarse a ello, pero funciona. Toma el 20 por ciento de abajo, aquellos en quienes has estado enfocando toda tu atención, e ignóralos.

Es correcto: no les prestes ninguna atención. Ellos no van a ninguna parte, y no van a ayudarte, no importa lo que hagas. Por lo tanto, en lugar de enfocarte en el 20 por ciento de abajo, haz lo contrario e ignóralos.

En lugar de enfocarte en el 20 por ciento de abajo, haz lo contrario e ignóralos.

Desde luego, querrás tratarlos de la misma manera que tratas a los otros grupos. Asegúrate de que obtengan la misma información, se les notifiquen las mismas reuniones, y oigan la misma visión del tamaño Dios que oyen todos los demás. Pero no hagas nada especial para ellos. Dales lo mismo que obtienen todos los demás. No prepares reuniones especiales, no los lleves a almorzar fuera, y no modifiques tu presentación para apelar solamente a ellos. Deja de complacerlos y comienza a tratarlos como tratas a todos los demás.

Si sigues este consejo, lo primero que observarás es que tienes más tiempo. Ya no estás ocupado preparando reuniones especiales, revisando tus presentaciones, o preocupándote por los *Acogedores tardíos* y los *Nunca acogedores*. Cuando dejas de acomodar de manera especial a personas que no van a cambiar de opinión, terminas con más tiempo y energía para emplearlos en captar la imaginación de aquellos que son de mente abierta, y aptos para apoyar tu visión.

Ahora, toma este período de tiempo recién hallado y empléalo en el 20 por ciento de arriba. Ser intencional con respecto a pasar tiempo con los *Acogedores entusiastas* y los *Acogedores iniciales* los motivará aún más. Escuchar sus ideas y alentarlos a aspirar a roles de liderazgo los empoderará. De repente, ellos se convierten en tus aliados y tus más fervientes seguidores.

Tan pronto hay ímpetu en el 20 por ciento de arriba, necesitamos dirigir nuestra atención al gran porcentaje de personas que están en el medio. Al igual que los políticos vigorizan sus bases y después van en busca de los votantes indecisos, podemos dirigir nuestra atención a los del medio después de haber emocionado a la base.

Podemos dirigir nuestra atención a los del medio después de haber emocionado a la base.

La mentalidad de los *Intermedios* es distinta a la de los *Acogedores entusiastas*. El 20 por ciento de arriba llega a las reuniones para emocionarse. El 20 por ciento de abajo llega a las reuniones para enojarse. ¿Los del medio? No llegan a las reuniones. Si convocamos una reunión especial para lanzar nuestra visión, los Intermedios no estarán entre los asistentes.

Los *Intermedios* también tienden a resistirse a la autoridad. Son influenciados más fácilmente por sus iguales y colegas, que por las figuras de autoridad. La influencia informal funciona mejor con los *Intermedios*. Estas son las personas con las que habla casualmente el candidato político en un restaurante o en otro lugar público. Los *Acogedores entusiastas*, por otro lado, son aquellos que aparecen en cada reunión televisada, mostrando carteles.

Cuando estamos lanzando una visión, ¿cómo alcanzamos a los *Intermedios*? Los alcanzamos de manera informal. En lugar de invitarlos a reuniones especiales, hablamos con ellos en pasillos, cuartos de baño y estacionamientos. Nos reunimos con ellos para tomar un café, compartimos una pizza, o charlamos en la sala de descanso. Los *Intermedios* serán mucho más receptivos a tu visión en estos tipos de escenarios.

LANZAR LA GRAN VISIÓN

Cuando Dios te da una visión realmente grande, necesitas ser estratégico con respecto a cómo lanzarla. Yo recomiendo tomar una copia del directorio de empleados y pensar a cuál de los cinco grupos pertenece cada persona. Piensa en quiénes están en el 20 por ciento de arriba, quiénes están en el 20 por ciento de abajo, y quiénes están en el medio. Necesitas identificar a las personas con las que deberías pasar tiempo; y a las personas a las que vas a ignorar.

Entonces, debes reunirte con los miembros del 20 por ciento de arriba: los *Acogedores entusiastas* y los *Acogedores iniciales*. Muéstrales la lista de los *Intermedios*, y pídeles que comuniquen la visión a cualquiera de los *Intermedios* a quienes consideren amigos. De ese modo, el método es casual e informal, queriendo decir que la audiencia será más receptiva a ello.

Esencialmente, estás desatando al 20 por ciento de arriba para que trate con el 60 por ciento del medio. No le estás pidiendo al 20 por ciento de arriba que cambie la opinión de nadie ni que diga nada de libreto y ensayado. Les estás pidiendo que participen en un diálogo sincero con personas que no han tomado una decisión, con la esperanza de lograr que se decidan. Tan solo pídeles que expresen su entusiasmo genuino, por ejemplo: "Estoy emocionado por la nueva iniciativa de la que el principal oficial ejecutivo está hablando. ¿Tú no lo estás?".

Muchos *Intermedios* cambian de opinión por ósmosis; si un amigo expresa emoción por una idea, el típico *Intermedio* se dirá a sí mismo: "*Quizás yo también debería estar emocionado*". Y es así como sucede.

La mayoría de nosotros lanzamos nuestras mejores ideas, nuestras "perlas", delante del 20 por ciento de abajo. Pero la Escritura nos advierte: "*No... echéis vuestras perlas delante de los cerdos, no sea que las pisoteen, y se vuelvan y os despedacen*" (Mateo 7:6). No estoy llamando nada a nadie; tan solo creo que esta situación es una buena aplicación de ese versículo en particular. Los cerdos pisotearán nuestras perlas, y entonces se volverán contra nosotros, haciéndonos parecer los malos. Si la misma Escritura fuera escrita en una traducción moderna para líderes, podría decir: "No echen su visión delante del 20 por ciento de abajo, porque ellos van a destruir su visión y se volverán contra ustedes".

Es crucial que seamos estratégicos al lanzar nuestra visión. Tenemos que preparar nuestro mensaje para la audiencia a la que queremos llegar, y para hacer eso tenemos que conocer a nuestra audiencia. Debemos emplear la mayor parte de nuestro tiempo con las personas que quieren ver cumplida nuestra visión, y comisionar a esas personas para que lleven el mensaje a sus amigos en los otros grupos, de modo que el mensaje tenga una recepción más cálida.

Nunca es "la reunión"

Recuerda siempre esto: "la reunión" nunca es lo más importante. La reunión antes de "la reunión", y la reunión después de "la reunión" son más importantes que "la reunión". Al regresar al escenario de tu reunión con cinco colegas, yo sugeriría que te reunieras en privado con Andrew, Beverly, Cynthia, Darius y Eric antes de "la reunión", y compartieras tu visión individualmente, con cada uno de ellos. Pero cuando te reúnas con Eric, debes evitar agradarlo; simplemente comparte la misma información que expresas a los otros cuatro.

La reunión antes de "la reunión", y la reunión después de "la reunión" son más importantes que "la reunión".

Entonces, cuando llegue el momento de reunirte con los cinco para presentar tu idea, puedes comenzar diciendo algo parecido a lo siguiente: "Me he alegrado mucho de hablar con los cinco de ustedes acerca de mi visión y de recibir una respuesta tan positiva. He sido muy alentado por la retroalimentación que cada uno de ustedes me da dado". Nunca concedas poder a Eric. Nunca señales en medio de la reunión que él es el único que se opone a la idea.

Después de haber hecho los comentarios de apertura, debes recurrir a la persona más positiva del grupo, digamos que es Andrew, y decir: "Andrew, ¿por qué no nos dices cómo te sientes respecto a esto?". Entonces, relájate y deja que Andrew anime a los demás. Cuando Andrew haya terminado de hablar, debes pasar a la persona siguiente, permitiendo que cada compañero de trabajo hable, desde el más positivo hasta el menos positivo. No permitas a Eric que hable hasta que todos los demás hayan tenido su turno. De este modo, estableces un tipo sano de presión de grupo mediante el cual los *Acogedores entusiastas* y los *Acogedores iniciales* atraerán a los *Intermedios* a su lado. Los *Acogedores tardíos* y los *Nunca acogedores* se moverán hacia el medio, para no sentirse desplazados.

Yo he utilizado esta táctica las veces suficientes para decirte que funciona. Incluso si Eric mantiene su terreno durante meses, pronto quedará claro para todos que Eric es simplemente negativo. Finalmente, Eric comenzará a decir cosas como: "Parece que yo soy el único que sigue diciendo este tipo de cosas". Exactamente. Mientras tanto, el trabajo se ha estado haciendo, y tú nunca tuviste que señalar a Eric delante del grupo. Él reveló su verdadero yo por voluntad propia.

Por eso la reunión antes de "la reunión" y la reunión después de "la reunión" son las dos reuniones más críticas que puedes tener. Si no tomas decisiones estratégicas y haces tus tareas con antelación respecto a las personas a las que debes lanzar tu visión, entonces no estarás preparado para lanzar tu visión en "la reunión".

Repito: hay algunas personas a las que tienes que dejar ir: los Eric de este mundo. Estas personas no son únicas de un tipo de negocio u organización. Puedes encontrarlas en la sala de juntas, el salón de clases, el barrio, la asociación de padres en la escuela de tus hijos. Dondequiera que vayas, te encontrarás al menos con una persona que se negará a invertir en tu visión; y en la visión de cualquier otra persona. Y eso está bien. Cuando entiendes las dinámicas del proceso de influenciar a otras personas a fin de producir un cambio, puedes avanzar, respaldado por el 80 por ciento de las personas que te apoyan.

Hay algunas personas a las que tienes que dejar ir.

La visión es de arriba hacia abajo

¿No odias cuando haces una llamada telefónica y eres transferido cinco o seis veces antes de finalmente llegar a la persona con la que necesitas hablar? Algunas oficinas médicas son así. El paciente que quiere una cita deja un mensaje con la persona que lleva el calendario. Llama a una enfermera si quiere hablar con el médico, a una enfermera distinta si necesita que le hagan una receta, y a otra diferente para conseguir los resultados de sus pruebas. Aunque hay solamente un paciente y un médico, parece que múltiples departamentos han establecido sus propios territorios, y no ayudarán a menos que la necesidad del paciente caiga bajo el paraguas de su área.

Muchos negocios son parecidos, con cada departamento que lanza una visión propia y, con frecuencia, inadvertidamente, minan la visión global del negocio. Pero para que un negocio sea exitoso, solamente puede haber una visión dominante lanzada por un visionario. La visión necesita ir desde arriba hacia abajo. No puedes permitirte el lujo de que cada departamento lance su propia visión, o tendrás lo que el pastor Hybels denomina "una federación de subministerios". Él estaba hablando sobre una iglesia específicamente, pero el concepto se aplica a negocios y organizaciones. Los líderes de los departamentos y divisiones no deben lanzar su propia visión hasta que el líder que está sobre ellos haya lanzado una visión para la empresa en general.

Para que un negocio sea exitoso, solamente puede haber una visión dominante lanzada por un visionario.

En uno de mis seminarios, una mujer a la que llamaré Gloria describió la dificultad que estaba experimentando al intentar hacer cambios en el ministerio de mujeres en su iglesia. Ella quería que las mujeres se reunieran con más frecuencia, se acercaran de maneras concretas a personas que sufrían, y que pasaran a un lugar de comunión más profunda que la que se lograba durante los superficiales eventos sociales de los que disfrutaban. Sin embargo, cuando intentó lanzar su visión ante los líderes de la iglesia, cayó al piso con un ruido sordo.

El pastor principal de la iglesia de Gloria ya había lanzado su visión, una visión de la iglesia como "hospital" para personas enfermas y sufridas. Y cuando las otras señoras oyeron la visión de Gloria para el ministerio de mujeres, quedaron confusas porque no estaba en consonancia con la visión de la iglesia. Yo recomendé al pastor que convocara a quienes estaban involucradas en el ministerio de mujeres y les recordara su visión para la iglesia. Después de aquello, podía presentar a Gloria y describir que los dos estaban de acuerdo en los planes de Gloria para implementar su visión en el ministerio de mujeres, alcanzando a personas que sufren.

De este modo, cuando Gloria se levanta y dice: "La visión de nuestra iglesia es alcanzar a otros en necesidad. Necesitamos hacer algo más que solamente tener comunión; necesitamos reunirnos con más frecuencia, y necesitamos alcanzar a otros", sus ideas estarán en consonancia con la visión de la iglesia. Y las mujeres estarán más receptivas.

Notemos que sugerí dos cosas: (1) Que el pastor primero lanzara la visión a la iglesia en general. (En este caso, él ya lo había hecho). (2) Que el pastor transmitiera la visión a sus líderes, de modo que ellos pudieran llevarla a su congregación. Mi recomendación fue que el pastor estuviera delante de todas las mujeres y lanzara la bola para que Gloria la golpeara. Sin este tipo de planificación y ejecución de la visión desde arriba hacia abajo, cualquiera en la organización puede tener una visión y comenzar a lanzarla por todas partes, provocando un caos.

Un gran ejemplo de lanzar la visión desde arriba hacia abajo se encuentra en el primer capítulo del libro de Josué. Dios habla a Josué y le da una visión, la cual Josué lleva ante los líderes. Los líderes entonces comunican la visión al pueblo, y el pueblo responde a Josué. Todos podemos aprender de este poderoso ejemplo.

LANZAR LA VISIÓN DEBE SER UNA PRIORIDAD

En cada reunión, independientemente de donde estemos o a quienes estemos hablando, necesitamos encontrar una manera de introducir en la conversación la declaración de visión. No tenemos que citarla palabra por palabra cada vez, a menos que sea un eslogan, pero en todo momento, sí tenemos que mantener el mensaje y la esencia de nuestra visión visibles para nuestra plantilla de personal.

Toda organización exitosa está centrada en la visión. Diles: "Esta es nuestra visión. Ahora bien, el negocio que está más adelante en la calle a la izquierda está haciendo esto, y la empresa que está a la derecha está haciendo esto otro, y eso es maravilloso para ellos. Pero nuestra visión es diferente. Esta es nuestra visión". Esa visión debería entonces impulsar cada aspecto de la empresa, desde los presupuestos, el personal y la programación hasta los planes para el futuro. Esto es lo que constituye una organización centrada en la visión.

Toda organización exitosa está centrada en la visión.

Si la iglesia de Gloria tiene la visión de ser un hospital espiritual, el porcentaje mayor de sus gastos debería ir hacia ministrar a las personas enfermas y que sufren. La iglesia puede que no tenga un ministerio para madres jóvenes, pero probablemente tenga un plan bien pensado sobre cómo ocuparse de enfermos y moribundos. Puede que no gaste mucho dinero en músicos invitados; en cambio, gasta ese dinero en programas de recuperación. ¿Ves cómo estar centrado en la visión realmente impulsa el proceso de toma de decisiones?

Lo mismo es cierto para los negocios. Si yo dirijo un pequeño negocio de decoración de interiores, y mi visión es dar a mi cliente la casa de sus sueños con un presupuesto ajustado, no emplearé mucho tiempo comprando lámparas en Tiffany's. De hecho, probablemente emplearé más tiempo conociendo mejor al cliente que comprando, de modo que pueda estar seguro de que entiendo sus deseos mientras busco formas de satisfacerlos. De igual manera, un decorador de interiores cuyo enfoque está en proveer piezas únicas de recuerdos de familia probablemente pasa más tiempo comprando antigüedades del que pasa en las casas de sus clientes. En ambos casos, el negocio está centrado en la visión. La visión realmente impulsa la toma de decisiones.

Fuera de alineamiento

¿Qué sucede cuando la visión del líder es diferente a la visión de las otras personas en su organización? Quizás mi plantilla de personal tiene un enfoque distinto al mío. Tal vez los otros implicados en el negocio que yo comencé quieren ir en la nueva dirección. La primera pregunta que debería hacerme es: ¿Cómo sucedió esto? La segunda pregunta es: ¿Cómo sucedió esto ante mis ojos?

Los líderes deben aceptar la responsabilidad de cualquier cosa que suceda en las organizaciones que dirigen. Si hay una división en la visión de la iglesia o el negocio, el líder debe afrontarlo para saber cómo sucedió y por qué. Entonces el líder debe saber qué hacer para cambiarlo.

Si mi empresa ha comenzado a desviarse de mi visión, yo no puedo volver a alinearla abruptamente con una sola reunión de personal. En cambio, necesito pensar en mí mismo como un ortodoncista que intenta enderezar dientes. Necesito utilizar "abrazaderas" en los dientes y entonces, con cada visita, girar lentamente la llave para traer los dientes en alineamiento. No puedo simplemente apretarlos en un solo movimiento y decir: "Ahora tienes los dientes alineados". Hacer eso podría causar daños, y los resultados no durarán. Necesito apretar y afinar a mi plantilla de personal poco a poco, hasta que los haya llevado otra vez a la visión que lancé originalmente.

Muchos líderes podrían culpar a quienes están bajo su supervisión por desviarse de la visión, pero lo cierto es que el líder es responsable de mantener a todos unidos bajo una visión compartida. Cuando negamos la responsabilidad personal, cedemos nuestra capacidad de hacer cualquier cosa para cambiar la situación. Aceptar la responsabilidad por una visión perdida nos da una oportunidad de corregirla.

Aceptar la responsabilidad por una visión perdida nos da una oportunidad de corregirla.

Cuando me reúno con el personal de una organización, solamente necesito unos minutos para discernir quién ha creído en la visión del líder y quién no. Sus palabras me dicen todo lo que necesito saber. Si las personas dicen, por ejemplo: "La visión del jefe es tal y cual", en lugar de decir: "*Nuestra* visión es tal y cual", hay una desconexión entre la visión del líder y la visión de quienes están bajo su supervisión. Si el líder dice algo como: "Los miembros de mi personal realmente quieren hacer tal y tal cosa", su lenguaje revela que él no ha creído en sus ideas.

Beneficios de una visión compartida

El nombre de marca *Ritz-Carlton* evoca pensamientos de servicio superior y cuidados de lujo. Esta asociación no se produce por accidente. La gerencia del *Ritz-Carlton* forma a todos los empleados del hotel para que vivan según el "Credo" de la empresa, una declaración de visión que comienza: "El Hotel Ritz-Carlton es un lugar donde el cuidado y el confort genuinos de nuestros huéspedes es nuestra más alta misión". El Credo continúa con una promesa de "el mejor servicio personal e instalaciones", "un ambiente cálido, relajado y a la vez refinado", y una promesa de cumplir "hasta los deseos y las necesidades no expresados de nuestros huéspedes".[1]

No es de extrañarse que cada empleado esté entrenado en los veinte puntos básicos del *Ritz-Carlton,* el primero de los cuales es: "El credo... debe ser conocido, poseído y energizado por todos".[2] La empresa no solo tiene una visión unificada, sino que lo primero que cada empleado nuevo debe hacer es memorizar la visión para que él o ella pueda apropiarse de ella y practicarla. ¡Imagina cómo podría crecer nuestro negocio si todos conocieran, poseyeran y energizaran nuestra visión corporativa!

En Génesis 11, la Biblia registra la historia de la torre de Babel, un poderoso ejemplo de la eficacia de personas con una visión compartida trabajando juntas. El pueblo de Babel planeó construir una torre que llegara hasta los cielos. La construyeron con ladrillo en lugar de piedra, y usaron argamasa por alquitrán. No solo estaban de acuerdo en la visión, sino también estaban de acuerdo en las tácticas que debían usar para cumplir esa visión, incluso si Dios finalmente ponía fin a sus esfuerzos antes de que pudieran llegar a buen término.

¡Imagina cómo podría crecer nuestro negocio si todos conocieran, poseyeran y energizaran nuestra visión corporativa!

Cualquiera que haya trabajado con una asociación de vecinos para añadir una nueva verja o para alterar el paisaje sabe lo difícil que es llegar a un acuerdo, incluso sobre los detalles más simples de la construcción. ¡Ver al pueblo de Babel estar de acuerdo no solo en el diseño, sino también en los métodos de edificación es bastante asombroso!

1. www.ritzcarlton.com/corporate/about_us/gold_standards.asp#credo.
2. Ibid.

"Pero el señor bajó para observar la ciudad y la torre que los hombres estaban construyendo, y se dijo: «Todos forman un solo pueblo y hablan un solo idioma; esto es sólo el comienzo de sus obras, y todo lo que se propongan lo podrán lograr»" (Génesis 11:5-6 NVI).

Hay una lección importante en estos versículos. La visión no solo tiene que ser lanzada correctamente, sino también tiene que permanecer delante de las personas hasta que ellos la absorban como propia. La clave es, de nuevo, el lenguaje que se utiliza. La Escritura apoya la idea de que puede lograrse cualquier cosa cuando todo el mundo está hablando el mismo idioma. Cuando todas las personas implicadas han adoptado la visión como propia y están en la misma página, las palabras que utilicen reflejarán eso mismo: palabras como "nosotros", "nuestra", en adelante.

La meta de todo líder debería ser lanzar la visión entre las personas de tal modo que él las oiga regresar con estas palabras: "Nuestra visión es...". Cuando nuestra visión se lanza correctamente, nada es imposible para nuestra organización.

Ni siquiera la pesca con mosca.

Cuando nuestra visión se lanza correctamente, nada es imposible para nuestra organización.

Puntos de enseñanza

1. Lanzar la visión debería ser menos como anunciar y más como reclutar.
2. Sé estratégico cuando lances tu visión.
3. A fin de diseñar tu mensaje, intenta organizar a tu audiencia según estas cinco categorías:
    - Acogedores entusiastas
    - Acogedores iniciales
    - Intermedios

- Acogedores tardíos
- Nunca acogedores

4. Enfócate en reclutar a los Acogedores entusiastas y los Acogedores iniciales para interactuar informalmente con los Intermedios, a fin de comunicar tu visión.
5. No desperdicies tiempo ni esfuerzo en atraer a los Acogedores tardíos o a los Nunca acogedores. Mantenlos en el mismo círculo de comunicación que a todos los demás, pero no retrocedas por esforzarte en hacerles cambiar de opinión.
6. Recuerda que "la reunión" no es lo más importante. Lo que marca la diferencia es la reunión antes de "la reunión" y la reunión después de "la reunión".
7. La visión debe ser lanzada desde el líder más alto, hacia abajo en la organización.
8. Haz que tu organización esté centrada en la visión, manteniéndola continuamente delante de las personas.
9. Cuando la visión se desvía, asume responsabilidad. Corrige la situación lentamente.
10. Recuerda que con una visión compartida, todo es posible.

Capítulo 3

COMUNICACIÓN

"El líder tiene que ser práctico y realista; sin embargo, debe hablar el idioma del visionario y el idealista."

—Eric Hoffer
filósofo estadounidense

"¡Es que ella no lo entiende!", dije echando chispas de frustración.

Julie era brillante, elocuente y educada. Su trabajo en la comunidad educativa era bien reconocido. Entonces, ¿por qué no podía ella entender lo que nuestra empresa estaba intentando hacer? Yo pensé: "Quizás necesito volver a explicárselo. Tal vez pueda ayudarla a ver cuál es el verdadero asunto".

Sin embargo, las reuniones siguientes no iluminaron a Julie. Mi frustración aumentó, convirtiéndose rápidamente en resentimiento. Comencé a cuestionar su supuesta sensatez. ¿Por qué alguien como Julie, una buena persona con credenciales impresionantes, parecía no entenderlo?

Estilos de comunicación

Pronto descubrí que se reducía al hecho de que Julie y yo teníamos distintas formas de pensar y de comunicar. Todo el mundo es, o un pensador concreto, o un pensador abstracto, con un estilo de comunicación correspondiente al estilo de pensamiento. Los líderes son usualmente grandes visionarios, pero tienden a ser pensadores abstractos. Hablan en términos generales, expresando sus elevadas metas con frases que suenan muy bonitas y carecen de información específica. Mientras tanto, los "seguidores", o quienes llevan a cabo la visión de los líderes, son generalmente pensadores concretos. Cuando hablan, utilizan términos específicos y discretos. Y la diferencia en los estilos de comunicación entre líderes y seguidores con frecuencia conduce a la confusión.

Todo el mundo es, o un pensador concreto, o un pensador abstracto, con un estilo de comunicación correspondiente.

Un principal oficial ejecutivo de un pequeño negocio podría decir: "Queremos ampliar nuestra base de clientes". Esa es una declaración abstracta. No hay nada tangible al respecto. No puede medirse, no puede sentirse, y no hay modo de saber si se ha logrado y cuándo.

Declaraciones como esa vuelven locos a los pensadores concretos. Al responder a la frase de ejemplo que he citado, ellos demandarían conocer los detalles. Inmediatamente comenzarían a hacer preguntas al principal oficial ejecutivo en cuanto a cómo llevará a cabo su plan propuesto. Como pensadores concretos, quieren conocer los detalles; y si el principal oficial ejecutivo de pensamiento abstracto no está preparado para dar esos detalles, los pensadores concretos llenarán ellos mismos los espacios en blanco.

Es aquí donde muchos líderes lo echan a perder. No tienen en consideración cómo los pensadores concretos en sus organizaciones recibirán sus mensajes abstractos. Tan solo lanzan una idea sin tener en cuenta cómo la oirán los pensadores concretos.

Esta es una mala idea, porque, repito, cuando a los pensadores concretos no se les dan los detalles, toman lo que oyen y llenan los espacios ellos mismos. Entonces, ponen una tapa de cemento mental, del tipo que se seca rápido. El resultado es que el líder finalmente tendrá que sacar del agua su pensamiento cimentado, a fin de poner el fundamento que él quiere poner. Esencialmente, debe pedirles que cambien de idea. Y lo más grande que podemos pedir a alguien jamás es que cambie de idea. ¿Por qué querríamos hacer eso?

Incluso si somos pensadores abstractos, los líderes necesitamos convertirnos en comunicadores concretos. Necesitamos proveer los detalles cuando lanzamos una visión. Debemos "echar nuestro propio cemento", por así decirlo. De ese modo, llegamos a establecer la visión de la manera que queremos. Yo lo he echado a perder las veces suficientes en esto para conocer las consecuencias de no hacerlo, y he visto lo que sucede cuando los líderes lo hacen correctamente. Quien comunica una visión, también debería ser quien la establece en cemento.

Si somos pensadores abstractos, los líderes necesitamos convertirnos en comunicadores concretos.

Cada mes de enero, ejecutivos de negocios lanzan nuevas visiones para sus empresas, pero si no proveen los detalles, arman a sus empleados con municiones para hacer mucho daño en nada de tiempo, dada la velocidad de la comunicación en estos días. Los miembros del personal no desperdiciarán tiempo en hacer conjeturas sobre la visión, y compartir sus dudas unos con otros vía correo electrónico, mensaje de texto, y otros medios de comunicación instantáneos.

Los vagos mensajes que proceden de la alta gerencia también tienden a poner nerviosos a los pensadores concretos, con frecuencia innecesariamente. Cuando el presidente de una empresa anuncia que está planeando una importante reorganización, pero no provee detalles de cómo será esa reorganización, algunos de sus mejores empleados empezarán frenéticamente a buscar nuevos empleos porque asumen que "reorganización" significa despidos masivos.

Como líderes, seamos pensadores concretos o pensadores abstractos, necesitamos recordar que aquellos a quienes lideramos son propensos a pensar concretamente. Quizás podemos transmitir en AM y también FM, pero aquellos a quienes lideramos puede que sean capaces de oír solamente AM. Tenemos que asegurarnos de transmitir la visión de tal manera que los receptores puedan oírla. Para hacerlo, necesitamos comunicar la visión abstracta y los detalles concretos al mismo tiempo.

Necesitamos comunicar la visión abstracta y los detalles concretos al mismo tiempo.

Evitar malos hábitos de comunicación

Cuando te preparas para lanzar una visión, intenta evitar los siguientes hábitos de los malos comunicadores.

Comunicar solamente cuando necesitas algo. No seas el tipo de líder de negocios que habla a sus empleados solamente cuando necesita algo de ellos. Ningún empleado quiere sentirse como si estuviera ahí tan solo para servir al "jefe", para estar a su entera disposición. Como líderes, necesitamos ser conscientes de cómo tratamos a las personas que trabajan para nosotros.

Larry Bossidy, presidente de la Junta y principal oficial ejecutivo de *Honeywell International, Inc.*, ya retirado, decía: "Si no tienes el interés y la energía para llegar a conocer a tu gente y tu negocio, no tendrás éxito".[3]

3. "From the Editors", Leader to Leader, Verano de 2002, www.pfdf.org/leaderbooks/l2l/summer2002/editors.html.

Bossidy tiene razón. Sí se necesita energía para estar interesado en las personas, pero lo cierto es que la energía que empleamos conociendo a nuestro personal será multiplicada por la productividad que ellos aportarán como resultado. ¿Qué empleado no querría recorrer la milla extra por un líder que se interesa verdaderamente por él?

La energía que empleamos conociendo a nuestro personal será multiplicada por la productividad que ellos aportarán como resultado.

No dar seguimiento. Los planes mejor trazados nunca harán más que acumular polvo, a menos que realmente hagamos algo para implementarlos. En un capítulo posterior hablaré de los retos planteados por una mala ejecución de la visión, pero por ahora, quiero señalar que la mala implementación y la falta de ejecución con frecuencia empeoran debido a nuestros propios patrones descuidados de comunicación.

Bossidy escribió un libro con Ram Charan y Charles Burck titulado *Execution: The Discipline of Getting Things Done* [El arte de la ejecución en los negocios]. En él, los autores aseveran que la mayor brecha en el liderazgo estadounidense en estos momentos está entre lo que se dice y lo que se hace; en otras palabras, una falta de compleción.

Para ver más trabajo completado, necesitamos hacer que las personas rindan cuentas. Podemos hacerlo concluyendo cada reunión, correos electrónicos y conversación con algunas preguntas clave:

- ¿Cuál es el siguiente paso?
- ¿Quién completará ese paso?
- ¿Cuándo será completado?

Un poco de seguimiento cada vez que comunicamos dará como resultado mucha ejecución. Recuerda preguntar siempre: "¿Quién hace qué y para cuándo?".

Recuerda preguntar siempre:
"¿Quién hace qué y para cuándo?".

No devolver llamadas telefónicas y/o correos electrónicos. La grabación estándar en los contestadores automáticos: "Por favor, deje un mensaje después del tono, y responderé en cuanto me sea posible" es una gran mentira. En cambio, debería decir: "Deje un mensaje, y llamaré si tengo ganas. Si no llamo, significa que no quería hablar con usted, así que relájese".

No solo es cortesía común responder a las personas con puntualidad; no responder permite a otros "echar cemento". Si ellos no pueden obtener de mí una respuesta, la obtendrán de alguna otra persona; y puede que no sea la respuesta que yo quiero que tengan. Esto es lo que yo hago cuando no tengo tiempo para darle a alguien una respuesta completa, como cuando recibo un correo electrónico que contiene muchas preguntas. Inmediatamente respondo con un breve mensaje que dice: "Leeré su correo electrónico en detalle y le enviaré una respuesta detallada en unos días". De ese modo, la persona no se queda preguntándose si recibí el correo, ni supone que le estoy ignorando intencionadamente. No, él o ella recibe una respuesta de confirmación de que estoy en ello.

Todos sabemos lo frustrante que es enviar un correo electrónico o dejar un mensaje en el contestador, y nunca recibir respuesta. No podemos hacer seguimiento con personas si en primer lugar no hablamos con ellas.

Descuidar el uso de la cortesía común. No debería tener que decir esto, pero lo haré, tan solo para asegurarme de que estamos claros. Cuando nos comunicamos con personas, deberíamos utilizar la cortesía básica. Deberíamos decir "por favor" y "gracias". Lo hacemos cuando hacemos un pedido en nuestro restaurante favorito de comida rápida: "¿Podría ponerme un combo número tres, por favor? Gracias". Entonces, ¿por qué no podemos hacerlo con nuestros compañeros de trabajo? A veces, cuando las personas trabajan muy de cerca unas de otras, se olvidan de los pequeños detalles:

"¿Podrías hacer esto, por favor?".

"Gracias por enviarme ese informe".

"De nada".

"Gracias".

"En cualquier momento".

Piensa en cómo podría cambiar el ambiente en la oficina si todos hablaran con educación y emplearan la cortesía común unos con otros.

Enfocarse en lo negativo. Algunas personas tienen un don para percibir la negatividad en cualquier situación, aferrarse a ella y negarse a soltarla. Lo más importante que un líder puede hacer por su gente es postergar sus horizontes y poner algún pensamiento de cielo azul en sus vidas. Necesitamos sacar lo positivo y añadirle valor en lugar de enfocarnos en lo que va mal.

Cuando alguien comienza a quejarse de un aspecto negativo del lugar de trabajo o del empleo, intenta ayudarlo amablemente a ver el otro lado. Si él dice, por ejemplo: "Cada año que he trabajado aquí, algo ha ido mal", podrías responder: "Sé que esto es importante, y parece que no dejan de suceder cosas malas, pero piensa en todos los otros retos que has vencido en los últimos años. Dentro de un año, esto será una cosa más que añadir a esa lista. Has podido resolver todos esos problemas; creo que también puedes solucionar este". ¡Ayuda a pintar un CA (cielo azul) en su pensamiento!

No escuchar. Cuando las personas hablan de comunicación, por lo general se enfocan en su transmisión; raras veces consideran su recepción. Para que cualquier mensaje sea eficaz, alguien debe recibirlo. Si no estamos escuchando a las personas que nos rodean, no estamos siendo buenos comunicadores. Escuchar no solo ayuda a entender a la persona con quien nos comunicamos, sino también nos ayuda a saber cómo responderle mejor.

Si no estamos escuchando a las personas que nos rodean, no estamos siendo buenos comunicadores.

Las consecuencias de no escuchar pueden ser graves. *The New England Journal of Medicine* ha publicado estudios que muestran que la mayoría de las demandas por mala práctica contra médicos podría haberse evitado si los médicos tan solo hubieran escuchado a sus pacientes.

Al igual que los médicos, nosotros los líderes estamos en el negocio de dar respuestas. Y cuando estamos en "modo de dar respuestas", es difícil que escuchemos. Pero escuchar es una habilidad que debemos cultivar. Escuchar activamente incluye observar el lenguaje corporal y establecer contacto visual con la otra persona. Eso gobierna el modo en que presentamos nuestros mensajes y respondemos a preguntas.

Escuchar y responder

Ahora bien, ¿qué tiene que ver escuchar con responder preguntas? Al escuchar de verdad, podemos oír la verdadera pregunta que la persona está haciendo. A veces, las personas no expresan la pregunta que realmente quieren que se les responda. Por ejemplo, si una empleada pregunta: "¿Es la reunión de planificación *realmente* a las cinco en punto hoy?", puede que quiera algo más que una confirmación de la hora. Quizás esté pensando: "¿Hasta cuándo va a durar esa reunión? Tengo que recoger a mi hijo en la casa de la niñera". Si respondemos su pregunta con un simple "sí", en realidad no habremos respondido su pregunta.

Ella seguirá frustrada por no poder estar en dos lugares al mismo tiempo.

En cambio, si observamos su lenguaje corporal y escuchamos cómo expresa la pregunta, podemos responder de modo distinto: "Algo parece estar molestándote". Entonces ella puede decirnos que tiene que recoger a su hijo, que la presentación no estará preparada a tiempo, o que esperaba tener la aprobación de los planes antes del mediodía. Un "sí", aunque es técnicamente correcto, puede hacer que pasemos por alto información que ella no daría voluntariamente sin un poco de presión. Ni siquiera sabríamos cómo impulsarla a dar más información a menos que oyéramos lo que estaba intentando decir sin palabras. Recuerda que la primera pregunta presentada no es siempre la verdadera pregunta. La pregunta que está tras la pregunta es la verdadera pregunta.

Muchas veces, después de haber respondido a una pregunta que me hicieron, la persona dirá: "La razón por la que pregunté es..." *Ese es* el verdadero asunto. La pregunta de apertura meramente comienza el diálogo.

Escuchar es más importante que hablar. Al observar con atención y ofrecer respuestas analizadas, hacemos saber a las personas que oímos lo que están intentando decir. Si prestamos atención a otros cuando comunicamos, siempre seremos capaces de dar la respuesta correcta, incluso cuando no tengamos todas las respuestas.

El Mayor Comunicador

Para aprender del Mayor Comunicador, el Único que comunicó perfectamente, tan solo necesitamos acudir a la vida de Jesús como está registrada en el Nuevo Testamento. Siempre que Él hablaba, se reunían multitudes para oír lo que tenía que decir. Y siempre que alguien le hacía una pregunta, Él respondía la duda del corazón de la persona, sin importar si estaba en consonancia con la pregunta que la persona había hecho.

Por mis estudios de la vida de Jesús, creo que el pasaje más instructivo sobre comunicación que se encuentra en los Evangelios es, casualmente, la primera ocasión en que Jesús está en el centro de una multitud. Él tenía solo doce años en ese momento, y sus padres, María y José, habían comenzado el largo camino de regreso a su casa desde Jerusalén después de la fiesta de la Pascua, sin darse cuenta de que Jesús no iba con ellos. Él se había quedado en el templo para hablar con los doctores y rabinos que se reunían allí regularmente para la discusión y el debate.

"Y aconteció que tres días después le hallaron en el templo, sentado en medio de los doctores de la ley, oyéndoles y preguntándoles. Y todos los que le oían, se maravillaban de su inteligencia y de sus respuestas" (Lucas 2:46-47).

Vemos a Jesús modelando cuatro cosas importantes en este pasaje. ¿Qué hacía Jesús en medio de los doctores? Estaba *"oyéndoles y preguntándoles"*. Estas son las dos primeras cosas importantes: *oír y hacer preguntas*. Al hacer estas cosas, Jesús obtenía *inteligencia*, la cual le permitía dar *respuestas* sabias: las otras dos cosas a observar en este pasaje.

Piensa en el contexto sociológico de este pasaje. En la cultura judía de la época de Jesús, mujeres y niños no tenían lugar alguno con los rabinos que se sentaban, acariciando sus largas barbas mientras hablaban. ¿Cómo fue que Jesús se ganó el derecho a sentarse en medio de ellos, y ser el centro de atención? ¿Qué le había concedido ese privilegio especial? Para la comunidad en general, Jesús no era otra cosa sino el hijo de María y José; y francamente, aquellos rabinos probablemente ni siquiera conocían ni se interesaban por José, y menos por su hijo. ¿Qué le dio a Jesús su entrada a ese grupo élite?

Puedo decirte cuál fue esa entrada. Mientras aquellos rabinos y doctores de la ley mantenían una conversación de mucha profundidad, un pequeño niño de doce años llamado Jesús seguía su gran debate teológico y escuchaba. Cuanto más escuchaba Él, más oía. Después de un rato, me imagino que hubo una pausa en la conversación; y Jesús levantó la voz y dijo algo como: "Rabino Moshe, ¿podría hacerle una pregunta, señor?".

Por consentir al niño que había estado escuchando por tanto tiempo, los rabinos le permitieron hacer una pregunta. Pero cuando Él hizo la pregunta, reveló tal profundidad de perspectiva y poder que los eruditos pronto se decían entre sí: "¿De dónde salió esa pregunta? Muchacho, esa es una pregunta profunda para un niño de doce años". Y con su profunda pregunta, Jesús se había ganado el derecho a recibir una respuesta. Así que le respondieron. Entonces Él hizo otra pregunta penetrante y después otra, y el ciclo continuó hasta que Jesús entendió su postura.

Poco después, los doctores y rabinos querían saber más acerca de lo que Jesús pensaba. La conversación cambió su curso, y ellos comenzaron a preguntarle a Él. Él estaba preparado con las respuestas, y la discusión continuó por tres días, hasta que sus padres regresaron para llevarlo con ellos.

Jesús era el centro de atención de aquellos hombres entendidos, pero la situación no comenzó de ese modo. Comenzó con Él observando, oyendo y escuchando lo que ellos tenían que decir.

Cuando nos encontramos con un grupo de personas que están manteniendo una discusión, nuestra primera inclinación suele ser participar de inmediato y ofrecer nuestra propia perspectiva, en lugar de detenernos a escuchar los puntos de vista de los demás. Pasamos por alto algunas de nuestras mejores oportunidades para comunicar porque siempre estamos hablando, pero nunca escuchando.

Pasamos por alto algunas de nuestras mejores oportunidades para comunicar porque siempre estamos hablando, pero nunca escuchando.

Como líderes, necesitamos escuchar más, especialmente si consideramos que nosotros somos quienes "lo saben todo" o "tienen todas las respuestas". Al aprender a escuchar a los demás, terminamos comunicándonos más efectivamente con pensadores abstractos y concretos por igual. Recibimos mejor información de quienes nos rodean, lo cual nos otorga un entendimiento más claro de la situación, reduciendo así el riesgo de conflicto debido a la mala comunicación.

Inevitablemente surgirá el conflicto, como sucedió entre Julie y yo (¿la recuerdas al comienzo de este capítulo?). A continuación hay algunas acciones que debemos tomar al comunicarnos con personas como Julie:

- Intentar entender las preocupaciones de la persona y empatizar con ellas.
- Determinar si el individuo es un *"no lo haré"* o un *"no puedo"*. *"No lo haré"* refleja una actitud; *"no puedo"* refleja una falta de capacidad. Ambos pueden recibir ayuda, pero de diferentes maneras.
- Asegurarte de que estamos transmitiendo en una frecuencia que la persona es capaz de captar.
- Recordar que es responsabilidad nuestra, como líderes, comunicar efectivamente.

Un hecho final a destacar es que las conversaciones más importantes que jamás tendremos son las que mantenemos con nosotros mismos. El tono y contenido del monólogo interior determina, en gran parte, el resultado de toda nuestra comunicación y, finalmente, de nuestras relaciones. Las conversaciones en mi cabeza con respecto a Julie estaban llenas de enojo, duda y frustración. Cuando me detuve y escuché de verdad lo que me había estado diciendo a mí mismo, e hice una pausa de comunicación para reevaluar la situación, entendí que yo necesitaba ser el primero en cambiar.

Aprender a escuchar a otros y a nuestra propia conversación interior nos ayudará a responder apropiadamente en cada situación, incluso a las Julie que nos frustran.

Aprender a escuchar a otros y a nuestra propia conversación interior nos ayudará a responder apropiadamente.

PUNTOS DE ENSEÑANZA

1. Hay dos tipos de pensadores, concretos y abstractos, y comunican conforme a ello.
2. Los líderes son por lo general pensadores abstractos que usan declaraciones vagas para comunicar sus elevadas visiones.
3. Quienes hacen, quienes siguen al líder, son generalmente pensadores concretos que hablan con términos específicos y detallados.
4. Los pensadores concretos llenan sus propios detalles cuando no reciben suficiente información.
5. Independientemente de cómo piensen, los líderes necesitan convertirse en comunicadores concretos.
6. Los líderes deben comunicar su visión de tal manera que todos puedan oírla y entenderla. Esto significa que deben compartir lo abstracto y lo concreto al mismo tiempo.
7. Evitar estos malos hábitos de comunicación:

- Comunicar solamente cuando se necesita algo.
- No dar seguimiento.
- No devolver llamadas telefónicas o correos electrónicos.
- No practicar la cortesía común.
- Enfocarse en lo negativo.
- No escuchar.

8. La primera pregunta que alguien hace no es siempre la verdadera pregunta.
9. Escuchar es más importante que hablar. Asegúrate de escuchar activamente, observando el lenguaje corporal de los demás y siendo consciente del propio.
10. Jesús fue el único comunicador perfecto, y su método era como sigue: (1) Él escuchaba, (2) hacía preguntas, (3) entendía, y (4) daba respuestas.
11. Cuando estamos siempre hablando y nunca escuchando, pasamos por alto oportunidades de comunicar efectivamente.
12. Las conversaciones más importantes son las que mantenemos con nosotros mismos.
13. Escuchar finalmente nos conducirá a dar mejores respuestas.

Capítulo 4

TOMA DE DECISIONES

"Cuando estás seguro al 100%, llegas demasiado tarde."

—Charles W. Robinson
empresario estadounidense

María dirige *Mucamas de María,* un exitoso negocio de limpieza. Y María estaría feliz, si no fuera por una de sus empleadas. Su contratada más nueva, Lorna, es incompetente y no quiere trabajar al lado de sus colegas. Fue reclutada como un favor a una amiga, pero ella siempre tiene una mala actitud y raras veces se presenta al trabajo puntualmente. Sin embargo, el padre de Lorna dirige tres grandes negocios, todos los cuales son clientes de *Mucamas de María*. El padre de Lorna también ha recomendado *Mucamas de María* a otras empresas locales. Ya que él representa una importante fuente de beneficios para María, despedir a Lorna podría ser perjudicial para el negocio. Además, Lorna es una buena amiga de la hija de María. Las dos jóvenes salen en el mismo grupo, y despedir a Lorna podría tener un efecto perjudicial también en la vida social de la hija de María. ¿Qué debería hacer ella?

Dos estrategias de toma de decisiones

La respuesta de María dependerá de si ella toma decisiones situacionalmente o las toma por principios. Si las toma situacionalmente, estará más preocupada por su relación con Lorna, con el padre de Lorna y con su propia hija, que por cómo afectará a su negocio la incompetencia de Lorna. Como líder situacional, María preferirá soportar la mala conducta de Lorna que darle mucha importancia y arriesgarse a causar un conflicto.

Si, por otro lado, María toma las decisiones por principios, actuará basándose en lo que ella cree que está bien o mal. Entenderá que no es justo para las otras empleadas o para sus clientes seguir pagando a Lorna si ella es incapaz de realizar su trabajo. Es probable que Lorna sea despedida, pese a las consecuencias personales para María. Aunque ella obviamente no querría dañar su negocio ni la amistad de su hija, tomará su decisión basándose en lo que es correcto, no lo que es más fácil.

Como líder de principios, María tomará medidas para ayudar a Lorna a mejorar su rendimiento antes de recurrir a despedirla. Documentará todo lo que haya estado sucediendo: evidencia objetiva, en lugar de lo que ella "siente" registrar debido a que favorece su caso. Hará a Lorna una advertencia y le ofrecerá formación adicional. Se sentará con Lorna para una serie de conversaciones e implicará a otras personas, si es necesario. Si después de que se hayan dado esos pasos la conducta de Lorna sigue sin mejorar, entonces María no se preocupará por las consecuencias a corto plazo. Si las circunstancias lo reclaman, ella pondrá fin al contrato de Lorna.

Los resultados de la toma de decisiones por principios son más predecibles que los de la toma de decisiones situacional. La mayoría de las personas preferirían trabajar para un líder que practica la toma de decisiones por principios que para otro que las toma situacionalmente, porque hay un sentimiento de seguridad en el conocimiento de que cualquier decisión que les afecte dependerá de su propia conducta, en lugar de los sentimientos personales de su líder. Las decisiones de un líder por principios son coherentes, y siempre toman en consideración las consecuencias a largo plazo.

Las decisiones de un líder por principios son coherentes, y siempre toman en consideración las consecuencias a largo plazo.

Quienes toman decisiones situacionalmente raras veces consideran las consecuencias a largo plazo de sus decisiones. Su prioridad principal es evitar el conflicto presente, no prevenir futuros problemas. Como resultado, su base para tomar decisiones siempre es cambiante, produciendo decisiones inconsistentes. Las personas que responden a líderes que practican la toma de decisiones situacionalmente pocas veces están seguros de cómo se tomará la decisión. Sus empleados puede que intenten controlar la información que el líder recibe, en un esfuerzo por influir en su decisión hacia una dirección que sea favorable para ellos. Trabajar para un líder situacional puede ser muy estresante porque batallamos para anticipar cómo responderá el líder a una situación dada, ya que sus reacciones han sido inconsistentes e impredecibles en el pasado.

Al escribir este capítulo, los medios de comunicación están hablando sobre una empresa nacional cuya base informática de datos fue pirateada. Esa acción dio como resultado el robo de información confidencial que afectaba a miles de personas. Cuando fueron confrontados con la información, oficiales de la empresa minimizaron el alcance del problema, pero después tuvieron que admitir que era mayor de lo que creían. A medida que se hizo cada vez más obvia la gravedad de la brecha de información, la empresa ofreció hacer algunos cambios. Cuando esas ofertas no tranquilizaron a oficiales del gobierno, la empresa hizo algunas concesiones menores a sus clientes en un esfuerzo por evitar demandas. A medida que la situación lo reclama, ellos acuerdan hacer un poco más.

Este es un excelente ejemplo de la toma de decisiones situacional en el liderazgo: oficiales haciendo lo que tienen que hacer a fin de tranquilizar al público y "arreglar" la situación sin hacer cambios drásticos.

Contrastemos este incidente con el desastre de relaciones públicas que sucedió con el analgésico *Tylenol* hace más de veinte años. Cuando se descubrió que un par de frascos de *Tylenol* habían sido contaminados con cianuro, los ejecutivos de la empresa no dijeron: "Bueno, afectó solamente a algunas personas". En cambio, retiraron todos los productos *Tylenol* de las estanterías, independientemente de dónde fue fabricado el producto, cómo fue empacado y dónde fue vendido. Esos ejecutivos estaban impulsados por principios en su toma de decisiones.

Es importante para nosotros entender cómo tomamos decisiones, ya sea basándonos en la situación o en principios, porque nuestras decisiones comunican quiénes somos al resto del mundo.

Un modelo de toma de decisiones

La toma de decisiones es a la vez un arte y una ciencia. Tristemente, a la mayoría de nosotros nunca nos enseñaron cómo tomar buenas decisiones, así que tomamos decisiones tal como nos inclinamos por naturaleza a hacerlo: basándonos en la situación. Pero podemos aprender a tomar decisiones mejores y más coherentes analizando los pasos implicados en tomar una decisión. La mayoría de esos pasos los damos de manera inconsciente. Los pasos más comunes incluyen recopilar datos, seleccionar la información que sea relevante para la decisión, combinarlos con nuestro conocimiento existente, y entonces finalmente tomar una decisión.

Este diagrama presenta todos los pasos con más detalle:

Pasos para tomar decisiones

Datos → Información → Conocimiento → Decisión

DATOS, una vez dados, son

↓
- Seleccionados
- Resumidos
- Categorizados
- Calculados/Analizados

Información relevante para el usuario

↓

El usuariao entonces

↓
- Compara
- Conecta
- Crea significado

Conocimiento útil en el contexto de la decisión

↓

Decisión

Digamos que Pat vive en el norte de Georgia y necesita viajar al sur de Atlanta para la fiesta de cumpleaños de su abuela. No parece una gran decisión, ¿verdad? A Pat le encanta cómo cocina su abuela. Para él, no hay nada mejor que disfrutar de una comida en domingo en la casa de la abuela, ya que ella siempre prepara un festín. Pero si quiere llegar a casa de ella mientras el puré de patatas sigue caliente, Pat realmente tiene muchas decisiones qué tomar. Una de las mayores decisiones es cómo debería llegar hasta la casa de la abuela.

Paso 1: Recopilar datos. Durante este paso inicial, recopilamos todos los datos que necesitaremos para tomar nuestra decisión. Para Pat, esos datos podrían incluir las respuestas a preguntas como las siguientes:

- ¿A qué hora comienza la comida?
- ¿Tendrá hambre cuando llegue allí?
- ¿Cuán temprano debería planear llegar, a fin de tener un asiento en la mesa de los adultos?
- ¿Qué ruta sería más rápida y/o más segura, la I-75 o la autopista 400?
- ¿Qué ropa debería ponerse para ir a casa de la abuela? Si decide ponerse otra ropa distinta a su traje de la iglesia, ¿tendrá tiempo para ir primero a casa después de la reunión y cambiarse, o debería llevar un cambio de ropa?
- ¿Cuál es la predicción meteorológica para el domingo?

Cuando Pat ha recopilado todos los datos, comienza a seleccionar cuáles son importantes, a resumirlos y categorizarlos. Finalmente, los analiza todos y hace cálculos basándose en los datos.

Paso 2: Seleccionar información relevante. En este punto, Pat tiene que seleccionar los datos que sean relevantes para su decisión. Tener hambre o no cuando llegue a casa de la abuela y la predicción meteorológica para ese día no deberían afectar sus planes de viaje, así que puede eliminar esos datos del proceso de toma de decisión. Entonces, comparando y conectando todos los otros datos, puede separar la información que sea realmente útil para él.

Estas son algunas informaciones que tienen relevancia para la decisión que él está a punto de tomar:

- La abuela planea servir la comida a la una en punto de la tarde.
- Si él toma la Interestatal 75, la duración de su viaje será aproximadamente de noventa minutos.

- Actualmente hay un proyecto de construcción en la I-75; cierres de carriles y otras restricciones podrían causarle un importante retraso.
- Si toma la autopista 400, tardará 95 minutos, pero no encontrará ningún retraso por obras.

Paso 3: Combinar con conocimiento previo. Ahora que Pat tiene la información relevante, puede combinarla con el conocimiento previo, como el hecho de que si llega tarde a la comida, no solo la abuela estará enojada; también el primo Arthur probablemente se quedará con su pedazo de pastel de crema de guineo.

Paso 4: Tomar la decisión. En este punto, Pat decide que irá por la autopista 400 porque aunque puede que no sea la ruta más corta hasta la casa de la abuela, si se da el tiempo suficiente llegará puntual para la comida. Y las consecuencias de llegar tarde (y de perderse el pastel de crema de guineo de la abuela) son demasiado grandes. Decisión tomada.

Seguimos estos mismos pasos cada vez que tomamos una decisión, pero en la mayoría de los casos pasamos por ellos con tanta rapidez que no somos conscientes de ellos. Entender los pasos que damos cuando tomamos decisiones puede ayudarnos a mejorar nuestras habilidades de resolver problemas, probando las suposiciones que hacemos en cada fase del proceso. Por ejemplo, si los datos que usamos para tomar una decisión son inexactos o defectuosos, la decisión no será buena. Si categorizamos incorrectamente los datos o elegimos información irrelevante para informar nuestra decisión, entonces nuestra decisión tendrá errores. Si nuestro "conocimiento" previo es inválido, entonces combinarlo incluso con los datos más exactos seguirá conduciendo a una mala decisión.

La capacidad de expresar cada uno de los pasos en nuestro proceso de toma de decisiones puede ayudarnos a tomar mejores decisiones. También puede conducir a mejores relaciones con las personas que dirigimos y con quienes trabajamos.

La toma de decisiones es una oportunidad para comunicar

Cuando aquellos a quienes diriges o con quienes trabajas toman malas decisiones, no seas duro con ellos, sino aprovecha la oportunidad para hablarles, a fin de allanar el camino para una mejor toma de decisiones en el futuro. Pregúntales cómo tomaron la decisión. ¿Qué proceso siguieron? Apoyándote en el modelo de toma de decisiones anterior, pregúntales con qué datos comenzaron. ¿Cómo seleccionaron la información que consideraron relevante para su decisión? ¿Qué conocimiento previo combinaron con los datos?

Hacer este tipo de preguntas nos ayudará a nosotros y a ellos, a entender mejor cómo abordar el proceso de toma de decisiones. Más importante, se convertirá en una oportunidad para que les ayudemos a mejorar sus habilidades de toma de decisiones.

En cualquier organización, cuanto mejor entendamos los puntos ciegos de nuestros colegas en la toma de decisiones, al igual que nuestros propios puntos ciegos, mejor equipados estaremos para conquistarlos.

Cuatro preguntas qué hacer antes de implementar una decisión

Cuando nos encontramos preparándonos para tomar una decisión que afectará a nuestro negocio u organización, necesitamos hacer al menos las siguientes cuatro preguntas, y es importante que las hagamos *en este orden:*

1. ¿Está esta decisión en línea con nuestra visión, misión y valores fundamentales? Sin importar lo estupenda que sea una idea u oportunidad, si no está en línea con la visión, debemos decirle no.

2. ¿Tenemos la capacidad organizativa y humana para hacer esto? ¿Y tenemos el corazón para esto? Quizás el programa sea tan grande que desafiará al equipo completo. Tal vez no tengamos en el equipo las personas adecuadas para hacer que ocurra. O quizás simplemente no estemos preparados para implementar la decisión en este momento.

3. ¿Cómo será glorificado Dios por esta decisión? La mayoría de las personas simplemente preguntan: "¿Será glorificado Dios por esta decisión?". Responden rápidamente: "Sí". Pero no vale la pena hacer la pregunta, a menos que la llevemos un paso adelante y preguntemos *cómo* será glorificado Dios. Responder esta pregunta nos ayudará a entender el verdadero impacto que marca nuestra decisión en el reino de Dios. Para los negocios operativos que tienen un ajuste más secular, puedes hacer la misma pregunta con un ligero matiz: "¿Cómo servirá esta decisión a la comunidad local y beneficiará a otras personas?".

4. ¿Cuánto costará? Esta pregunta no es la misma que "¿nos lo podemos permitir?". La mayoría de las organizaciones no tienen dinero sentado en una cuenta esperando ser utilizado. Por lo tanto, la respuesta a la pregunta "¿nos lo podemos permitir?" es por lo general "no". Pero la respuesta a "¿cuánto costará?" es diferente. El costo es algo más que una mera cantidad en dinero; toma en consideración recursos tales como personal, tiempo, energía, y otros.

El orden en el cual hacemos las preguntas es importante, porque una iniciativa propuesta que no pase de la pregunta "¿nos lo podemos permitir?" podría obtener una respuesta diferente después de haber abordado las tres preguntas anteriores. Si la visión es lo bastante grande, si las personas tienen el corazón para realizarla, y si Dios será glorificado en gran manera, entonces puedes estar seguro de que llegarán dinero y recursos suficientes para cubrir el costo.

Responder estas preguntas concretas, en este orden, nos ayuda a entender y a apreciar cada oportunidad que tenemos delante. Nos permite tomar decisiones de principios basadas en un contexto organizativo mayor, en lugar de un aspecto limitado de la situación, como la cantidad de efectivo disponible.

CONSEJOS PRÁCTICOS PARA LA TOMA DE DECISIONES

Al hacer y responder las cuatro preguntas de las que acabamos de hablar, aseguramos un fundamento firme para tomar buenas decisiones. Aquí tenemos algunos consejos prácticos que nos ayudarán:

Ser capaces de explicar por qué. Necesitamos ser capaces de expresar por qué tomamos la decisión que tomamos. La razón no es que así podremos defendernos en el caso de que nuestra decisión demuestre ser mala; es para prepararnos para aprender de cada decisión que tomamos, sea buena o mala. Si no sabemos en un principio por qué tomamos una decisión particular, nunca mejoraremos a la hora de tomar decisiones. Entender cómo nuestro enfoque de la toma de decisiones conduce a resultados positivos o negativos nos ayudará a tomar mejores decisiones en el futuro.

Necesitamos ser capaces de expresar por qué tomamos la decisión que tomamos.

Ser valiente. A veces, cuando estamos tomando decisiones, preferimos quedarnos dentro de nuestra zona de comodidad en lugar de tener que salir para recopilar datos adicionales. Pero nuestra zona de comodidad no es el lugar para tomar decisiones. Siempre que sea posible, debemos buscar información de las fuentes adecuadas, incluso si la búsqueda requiere que estemos un poco incómodos. Por ejemplo, pregunta:

"¿Quién en mi equipo me mostrará las cosas que más necesito ver?".

"¿Quién me dirá las cosas que son difíciles de oír?".

Ser decidido. No siempre tendremos toda la información que necesitemos cuando tomemos una decisión. De hecho, a veces lo mejor que podemos hacer es tomar una decisión sin tener toda la información. ¿Cómo identificamos qué decisiones deberían ser pospuestas hasta tener todo el conocimiento, y cuáles deberíamos tomar aunque sea sin el conocimiento completo? Mi consejo es emplear tiempo en las decisiones con la mayor recompensa potencial, y permitir que otros tomen las decisiones en las cuales tu aportación tenga poca relevancia, incluso si te gusta tomar tú mismo todas las decisiones.

Estar dispuesto a "destruir íconos". No podemos permitir que luchas territoriales, el mal uso del poder o tretas con motivación falsa afecten nuestro juicio. Resiste la idea de que la lealtad es una calle de una sola dirección. Desecha todas las estrategias a corto plazo que se interpongan en el camino de los éxitos a largo plazo.

Desecha todas las estrategias a corto plazo que se interpongan en el camino de los éxitos a largo plazo.

Tomamos muchas decisiones cada día. Algunas de ellas son importantes, mientras otras no lo son. Mientras más atención prestemos al proceso mediante el cual tomamos decisiones, grandes y pequeñas, mejores decisiones tomaremos.

Regresemos a la historia de María y Lorna del comienzo de este capítulo. Si María puede separar los sentimientos por su hija y sus preocupaciones sobre el padre de Lorna, de su capacidad de echar una mirada objetiva al desempeño de Lorna, tomará una buena decisión con respecto a cómo tratar con Lorna. Si no puede hacer eso, entonces sus empleadas probablemente querrán buscar empleo en otro lugar porque se darán cuenta de que María se contenta con dar a sus clientes un servicio inferior al que ellos esperan.

Es importante practicar una buena toma de decisiones en los negocios, porque el número de decisiones que afrontamos aumenta de modo exponencial con cada nueva persona que contratamos. Y la decisión más crítica que tomaremos jamás en el ámbito profesional es decidir a quién añadir, y a quién mantener en nuestro equipo.

Puntos de enseñanza

1. Quienes toman decisiones situacionalmente basan sus decisiones en las condiciones actuales, con poca o ninguna consideración por futuras consecuencias.

2. Quienes toman decisiones por principios basan sus decisiones en su comprensión de lo correcto y lo incorrecto, y prestan atención a futuras consecuencias.

3. Las decisiones se toman mediante una serie de cuatro pasos principales, seamos o no conscientes del proceso. Esos pasos son:

    - Paso 1: Recopilar datos: cualquier información que pudiera ser importante.

    - Paso 2: Seleccionar la información relevante, después analizarla y organizarla.

    - Paso 3: Combinar información relevante con conocimiento anterior.

    - Paso 4: Tomar la decisión.

4. La toma de decisiones es una oportunidad para comunicar.

5. Haz estas cuatro preguntas en orden antes de tomar una decisión que vaya a afectar a tu negocio u organización:

    - ¿Está en línea con nuestra visión, misión y valores fundamentales?
    - ¿Tenemos la capacidad organizativa y humana para ello? ¿Tenemos el corazón para ello?
    - ¿Cómo será Dios glorificado por la decisión?
    - ¿Cuánto costará?

6. Al tomar decisiones:

    - Sé capaz de expresar por qué tomaste la decisión.
    - Sé valiente. Mira fuera de tu zona de comodidad para buscar información y respuestas.
    - Sé decidido. A veces tienes que tomar una decisión, independientemente de si sientes que tienes suficiente información.
    - Está dispuesto a "destruir íconos".

Capítulo 5

ESCOGER AL EQUIPO

"Requiere mucho tiempo y esfuerzo asegurarte de tener a las personas correctas trabajando en los puestos adecuados, pero creemos que es tiempo bien empleado... La satisfacción del cliente es la recompensa por invertir el tiempo para buscar a los mejores empleados."

—Truett Cathy
fundador de los restaurantes *Chick-fil-A*

Jim Collins y su equipo de veinte investigadores pasaron cinco años y más de 15.000 horas de trabajo investigando cómo algunas empresas pasan de ser meramente buenas a ser extraordinarias. Él habló de sus descubrimientos en su libro *Good to Great: Why Some Companies Make the Leap…and Others Don't* (Empresas que sobresalen: por qué unas sí pueden mejorar la rentabilidad y otras no). Un descubrimiento clave fue la importancia de escoger a los empleados correctos. Aquí tenemos una cita de su sitio web:

"El punto principal de este concepto no se trata solamente de reunir al equipo correcto; eso no es nada nuevo. El punto principal es primero hacer subir al autobús a las personas correctas (y bajar del autobús a las personas incorrectas) antes de pensar hacia dónde conducirlo."[4]

Collins establece el punto de que algunas personas quieren subirse al autobús debido al lugar a donde se dirige, pero él sugiere un camino mejor. Comienza con las personas adecuadas en el autobús, y entonces decide a dónde ir.

Comienza con las personas adecuadas en el autobús, y entonces decide a dónde ir.

POSICIONAR CON PROPIEDAD A LAS PERSONAS PREVIENE PROBLEMAS

Una importante organización sin fines de lucro contrató a Harry, un hombre de negocios que ha visto mucho mundo, para estar al frente de su nuevo enfoque en las relaciones internacionales y la recaudación mundial de fondos. Como líder de su equipo, Harry ocuparía un puesto de alto perfil, que requiere viajes frecuentes a lugares donde él se reuniría con dignatarios extranjeros en el nombre de la organización. A Harry le gustaba viajar y conocer personas nuevas. Estaba emocionado acerca de hacia dónde se dirigía la organización y de su papel clave de liderazgo en esos planes.

Pero ¿qué sucede si las cosas cambian? ¿Y si la economía se desacelera, y el enfoque internacional se descarta debido a los crecientes costos de los viajes aéreos y las nuevas preocupaciones de seguridad de las aerolíneas? ¿Y si en lugar de ocuparse de las relaciones de contribuyentes en el extranjero, Harry es reubicado hacia un enfoque doméstico? Si lo único que Harry quería era un puesto de elevado perfil, va a quedar decepcionado. Él quería ir donde pensaba que se dirigía el autobús; ahora, la persona incorrecta está en el autobús, y el liderazgo superior tiene que pensar en cómo hacerle bajar.

4. www.jimcollins.com/lab/firstWho/index.html.

¿Y si en lugar del "Harry de elevado perfil" la organización hubiera contratado al "estupendo Terry", alguien comprometido con la visión de la organización, sin tener en cuenta si eso le llevaría a destinos atractivos en el extranjero? Entonces Terry podría decidir hacia dónde debería ir el autobús. Sabiendo que la economía está apretada, Terry cree que puede encontrar oportunidades locales para recaudar fondos sin tener que incurrir en costos de viajes internacionales. Terry está contento al hablar con cualquiera, porque eso es lo que mejor hace. Ya que está dotado para apelar al apoyo financiero, no le importa dónde le lleve el autobús para hacer eso; solamente le importa si sus esfuerzos son eficaces.

En estos ejemplos, Harry fue contratado por *lo que sabe*, pero Terry fue contratado por *quién es él*. Es una filosofía de contratación diferente. Contratar a las mejores personas y permitirles ayudar a decidir la dirección del autobús es siempre mejor que contratar a personas que quieren ir a donde creen que se dirige el autobús. Si el autobús se avería o cambia de dirección, el segundo grupo quiere bajarse; incluso tanto como el resto de viajeros que van en el autobús quieren que lo hagan.

Además, algunas personas están más cómodas al frente; otras son servidores en la parte trasera del autobús. Un líder recién contratado podría ser un buen candidato para el departamento de contabilidad, pero si su verdadero llamado es la comunicación, encajará mejor para el equipo de mercadeo y publicidad. También tendrá más probabilidad de permanecer más tiempo en un empleo por el que sienta pasión. Cuando las personas adecuadas están en el autobús, necesitan tener los asientos correctos. En otras palabras, posicionar con propiedad a las personas previene problemas.

Posicionar con propiedad a las personas previene problemas.

¡Ningún voluntario!

Cuando se trata de situar a personas en el autobús, no pidas voluntarios. Mi experiencia como pastor y como líder de negocios ha demostrado que las personas que se ofrecen voluntarias para un trabajo, por lo general no son las más cualificadas para realizarlo. Sea un puesto con remuneración o sin ella, es probable que quienes se ofrecen voluntarios tengan menos experiencia que los miembros del equipo que podríamos reclutar para un puesto remunerado. Las personas incorrectas son con frecuencia quienes primero se ofrecen voluntarias. ¿Cómo hacemos que un voluntario pase a ser "no voluntario" si la situación no funciona? Las personas más cualificadas están ocupadas y participando en otro lugar; no llegarán a menos que alguien las busque activamente.

Con mi ocupada agenda de viajes, en raras ocasiones me ofrezco voluntario para alguna actividad o proyecto, pero cuando alguien me recluta para un puesto, tengo mucha mayor inclinación a realizar el trabajo. Cuando Jesús necesitó discípulos, no fue mirando por ahí para ver quién se ofrecía voluntario. En cambio, Él salió y eligió personalmente a los hombres que quería como sus discípulos, diciendo en cierto momento:

"*No me escogieron ustedes a mí, sino que yo los escogí a ustedes y los comisioné para que vayan y den fruto, un fruto que perdure. Así el Padre les dará todo lo que le pidan en mi nombre*" (Juan 15:16 NVI).

Él los escogió a ellos y los comisionó, para que "*vayan y den fruto*". Esa debería ser nuestra meta cuando contratamos a personas.

Consejos para reclutar

¿Recuerdas los partidos de balón prisionero que jugábamos en las clases de educación física hace muchos años? El maestro elegía a dos muchachos como capitanes de equipo, y los capitanes entonces tomaban turnos para elegir a quienes querían que jugaran en sus equipos. Primero escogían a los mejores deportistas; después escogían a sus amigos. A medida que quedaban menos opciones, intentaban escoger a los mejores de los últimos hasta que quedaba solamente un muchacho. El último muchacho al que escogían siempre se sentía un perdedor.

Un líder de negocios que selecciona a su equipo de empleados no es tan diferente. ¿Cómo reunimos a un equipo ganador? ¿Deberíamos elegir a nuestros amigos como señal de lealtad? ¿Deberíamos escoger a las personas que estén mejor cualificadas? ¿O deberíamos mostrar cierta compasión y escoger a quienes no están realmente cualificados y probablemente no conseguirán un empleo a menos que nosotros los contratemos? Yo aconsejaría encarecidamente en contra de esta última táctica. A fin de servir mejor a otros, tenemos que contratar a personas de calidad que hayan demostrado su entereza y carácter.

Tenemos que contratar a personas de calidad que hayan demostrado su entereza y carácter.

Al escoger a personas para el equipo, recuerda las siglas ADC. Contrario a las personas que se ofrecen voluntarias, los candidatos ADC son reclutados debido a sus *actitudes, destrezas y conocimientos*: los tres atributos clave de los jugadores en un equipo ganador.

Actitud. Cuando contratamos a personas que tienen la actitud correcta, podemos enseñarles a hacer cualquier cosa. Una buena actitud puede ayudar a una persona a conquistar la más difícil de las circunstancias. Los empleados con buenas actitudes trabajan duro, están motivados a alcanzar las metas establecidas para ellos, y siguen adelante pese a cualquier obstáculo que pudieran encontrarse. Las personas con malas actitudes están desmotivadas, son negativas y ensimismadas. Independientemente de lo talentosas que sean, nunca llegan a mucho.

Una buena actitud puede ayudar a una persona a conquistar la más difícil de las circunstancias.

William James, psicólogo y filósofo del siglo XIX, dijo: "El mayor descubrimiento de cualquier generación es que el ser humano puede alterar su vida alterando su actitud". Las personas con buenas actitudes son enseñables, corregibles y se pueden redirigir. Los gerentes de ventas con frecuencia dicen que quieren contratar a alguien que tenga "hambre". No están hablando de alguien que necesite comer; hablan de alguien que quiera salir y vender, alguien que esté motivado. Están describiendo una actitud.

Destreza. Si tu empresa necesita un diseñador gráfico, estarás buscando a alguien con destrezas artísticas y dominio de los programas de *software* apropiados, para empezar. Pero debe haber un balance entre actitud y destreza.

Los consultores de recursos humanos Ginger Rae y Donna Lowe dijeron: "Contratamos a personas por lo que saben y las despedimos por quiénes son". Las capacidades son el *qué*; la actitud es el *quién*. Un joven y entusiasta graduado de universidad que no sabe crear un diseño pegajoso, pero tiene una perspectiva positiva no será suficiente. Pero ¿quién quiere trabajar al lado de un genio artístico con una actitud malhumorada? Encontrar un balance es importante.

"Contratamos a personas por lo que saben y las despedimos por quiénes son".

Conocimiento. El empleado o miembro ideal de un equipo posee una gran actitud y un estupendo conjunto de destrezas, además de un conocimiento extenso. Quienes son a la vez capaces y conocedores pueden no solo arreglar lo que esté roto, sino también explicar por qué se rompió en un principio. Conocimiento sin destreza es como un médico que puede dar un diagnóstico y recetar un tratamiento, pero no sabe cómo evitar que esa misma enfermedad recurra en el futuro.

Incluso con el balance adecuado de ADC, ningún empleado será plenamente productivo si se le asigna una posición que no es compatible con su temperamento y sus pasiones. Las personas son más productivas cuando les apasiona lo que están haciendo, así que deberías siempre intentar ubicar a las personas en posiciones que les permitan realizar las cosas que les interesan por naturaleza. Desde luego, es imposible hacer esto a menos que realmente conozcas a tus empleados y entiendas cuáles son sus pasiones.

CONOCE A TU EQUIPO

Después de haber reclutado a tu equipo, repito que es crucial que pases tiempo conociendo a cada uno de ellos como individuos. Específicamente, mira las siguientes cuatro A:

Actitudes. La actitud encierra quién es una persona. Al observar y analizar la actitud de alguien hacia su trabajo, hacia otras personas, puedes descubrir la esencia de su carácter.

Afinidades. Presta atención a lo que le gusta y lo que le disgusta. Algunos miembros del equipo pueden tener una afinidad con un líder anterior. El conocimiento de la existencia de tales alianzas y lealtades puede ayudarte a crear una transición suave en tu rol de liderazgo.

Ansiedades. ¿Qué tipos de detonadores, como personas, lugares o situaciones, son fuentes de estrés para los miembros de tu equipo? Si descubres que interactuar con un ejecutivo en particular tiende a crear estrés entre tus empleados, tu participación puede ayudarles a concentrarse mejor en sus trabajos. Si la tarea de un informe mensual les quita el sueño, podrías considerar cambiar la frecuencia de su informe y que sea trimestral, a fin de minimizar el estrés y mejorar la eficiencia.

Animosidades. ¿Qué o quién disgusta a los miembros de tu equipo? Quizás un antecesor tuyo eliminó largas horas para el almuerzo, a cambio de permitir que los empleados salieran más temprano al final del día, pero la mayoría de los empleados menosprecian la nueva política porque ya no tienen tiempo suficiente durante su almuerzo para gestiones personales. Hacer un simple cambio, o permitir que ellos escojan su propio horario, podría marcar una gran diferencia. Al entender sus animosidades, descubres nuevas oportunidades de hacer cambios que levantarán la moral y harán que todos estén más contentos.

Lo que sabe tu equipo

Los miembros de tu equipo saben quién se está desempeñando bien y quién no. Si se les pregunta confidencialmente, proporcionan evaluaciones precisas de quién está haciendo su trabajo, y cuán bien lo hace. Con frecuencia, mantener en un equipo a un trabajador que rinde poco, causa conflictos por encima y más allá de los efectos negativos de su incompetencia. Entender la situación desde la perspectiva de otros miembros del equipo nos permite, como líderes, tomar decisiones informadas con respecto a su continuidad en el trabajo.

Los miembros de tu equipo también saben quiénes son las personas tóxicas. Ellos pueden decirte el nombre de la persona que tiene una mala actitud, la que está irritable todo el tiempo, y la persona que hace que sus vidas sean miserables. Sustituir a los individuos tóxicos por nuevos empleados que sean positivos y edificantes ayudará a toda la organización a funcionar mejor. De hecho, puede que ayuden a todo el equipo a elevarse a un nivel que anteriormente no podían alcanzar.

Considera el hecho de que mientras Juan el Bautista estaba aún en el vientre de su madre Elisabet, no saltó en presencia de personas comunes. Cuando María llegó de visita con el bebé milagro en su interior, fue cuando Juan dio un salto (ver Lucas 1:41).

¿La moraleja de la historia? Las personas que están "embarazadas" de cosas buenas pueden hacer que tu equipo dé un salto y se remonte.

Considera esta cita de Charlie Crystle, fundador de *Chili!Soft:*

"La primera cosa que necesitas entender acerca de edificar una empresa es que las personas mediocres arrastran a las personas excelentes; son un cáncer, y tienes que eliminarlas tan rápidamente como sea posible. No te preocupes por crear huecos en la empresa, pues las personas excelentes son mucho más productivas cuando las personas mediocres son eliminadas de su entorno".[5]

Las personas excelentes son mucho más productivas cuando las personas mediocres son eliminadas de su entorno.

No es que no tengamos personas suficientes en el equipo, según Crystle; es que tenemos a las personas incorrectas en el equipo. Si preguntamos a las personas correctas, ellas identificarán para nosotros quién es el problema.

Evaluaciones anuales

Podemos obtener importantes perspectivas de nuestros empleados durante todo el año, pero quizás el mejor momento de hacerlo es cuando nos reunimos con ellos para su evaluación anual. Además de ser un tiempo en que ofrecemos retroalimentación sobre su desempeño, deberíamos darles la oportunidad de compartir abiertamente con nosotros cualquier preocupación que puedan tener con el trabajo o cualquier colega en particular. Entonces, debemos decidir si retener, reubicar y dar formación, o dejar ir a cualquiera de los miembros de nuestro equipo.

Debemos ser lentos para contratar y rápidos para despedir. Los líderes con frecuencia lamentan no haber despedido a alguien

5. "You Must Hire the Right People", *BusinessWeek Online*, marzo 25, 2003, www.businessweek.com/smallbiz/content/mar2003/sb20030326_3034.htm

la primera vez que pensaron en hacerlo. Nunca he conocido a alguien que dijera: "Vaya, me gustaría haberle dejado quedarse un poco más de tiempo". Por lo general es lo contrario: "Vaya, me alegro mucho de que se haya ido. Me gustaría haberle despedido antes". ¿Por qué toleramos a empleados incompetentes? La primera vez que pienses seriamente en despedir a alguien, probablemente sea el mejor momento para hacerlo.

Debemos ser lentos para contratar y rápidos para despedir.

Finalmente, la evaluación anual es una oportunidad para que miremos a nuestro equipo como un todo, y nos preguntemos: ¿Tenemos el equipo que necesitamos para realizar el trabajo? ¿Tenemos a los líderes que necesitamos en su lugar para apoyarnos? Los líderes que nos hicieron llegar hasta donde estamos puede que no sean los líderes que necesitamos para llevarnos a nuevas alturas en el futuro. Por eso es crucial reevaluar continuamente la selección de líderes dentro de nuestra organización.

Elegir a tus líderes

La decisión más crítica que tomamos como líderes es elegir a los otros líderes que trabajarán en nuestro equipo. Mientras consideramos a los candidatos, necesitamos prestar atención a si ellos piensan y actúan como líderes o como gerentes. La distinción es importante.

Los líderes piensan primero en el futuro y después trabajan hacia atrás hacia el presente.

Los líderes piensan primero en el futuro y después trabajan hacia atrás hacia el presente, a medida que deciden qué hacer a fin de alcanzar esa visión futura. Podrían decir: "En el futuro, necesitaremos hacer tal y tal cosa, así que es mejor que comencemos haciendo esto hoy". Se enfocan en el cuadro general;

son pensadores innovadores que con frecuencia están llenos de grandes ideas; se emocionan ante la posibilidad de cambio y se mueven rápidamente cuando han identificado nuevas oportunidades. Los líderes están dispuestos a correr riesgos. Priorizan personas e ideas; y aunque esperan a que las otras personas elogien lo que ellos hacen, no requieren la aprobación de otros para hacer bien su trabajo.

Contrastemos estas características con los rasgos clave de un gerente, o alguien con una actitud de administración. Los gerentes conceptualizan planes trabajándolos desde el pasado hacia el presente. Podrían decir algo como esto: "Así es como lo hemos hecho siempre, así que vamos a seguir haciéndolo de este modo". Tienen una microperspectiva de las situaciones y tienden a examinarlas como harían con una fotografía. Están a favor de un pensamiento rutinario y son defensores del status quo. Contrario a los líderes, hacen hincapié en el *cómo* y el *cuándo* en lugar de en el *qué* y el *porqué*. Los gerentes son controladores e imperativos, y se sienten amenazados por la posibilidad de cambio. Cuando ocurren transiciones, se mueven lentamente y son rápidos para señalar el más pequeño de los obstáculos como una razón para detener el proyecto. Intentan evitar los riesgos a toda costa, y permiten que sus acciones estén limitadas por los recursos disponibles, en lugar de buscar forjar nuevas fronteras. Priorizan los planes y sistemas establecidos, y necesitan mucho la aprobación de quienes trabajan con ellos y para ellos.

Líderes	**Gerentes**
• Enfatizan el qué y el porqué.	• Enfatizan cómo y cuándo.
• Trabajan desde el futuro hacia el presente.	• Trabajan desde el pasado hacia el presente.
• Se enfocan en el largo plazo.	• Se enfocan en asuntos de corto plazo, inmediatos.

Líderes	Gerentes
Aceptan una macroperspectiva.	Aceptan una microperspectiva.
Están a favor del pensamiento innovador.	Están a favor del pensamiento seguro, rutinario.
Buscan balancear idealismo y realismo.	Enfatizan el pragmatismo por encima del idealismo.
Muestran talento revolucionario.	Protegen el status quo.
Aclaran la visión, después inspiran y motivan a otros a seguirla.	Implementan la visión.
Se emocionan por el cambio.	Se sienten amenazados por el cambio.
Deciden rápidamente.	Deciden lentamente.
Identifican oportunidades.	Identifican los obstáculos y permanecen en ellos.
Corren riesgos.	Evitan los riesgos a toda costa.
Buscan recursos.	Limitan las acciones a los recursos disponibles.
Priorizan personas e ideas.	Priorizan sistemas y planes establecidos.
Se enfocan en asuntos fundamentales.	Son distraídos por asuntos periféricos.
Quieren la aprobación de otros, pero no la requieren.	Necesitan la aprobación de otros.
Hacen lo correcto.	Hacen las cosas bien.

Cuando me refiero a "gerentes", no estoy hablando de personas cuyos títulos laborales incluyen esa palabra. Quienes tienen el título de gerente pueden actuar como líderes o como gerentes. La mayor diferencia es que los gerentes sacan el máximo partido de sí mismos, mientras los líderes sacan el máximo partido de otras personas. Por eso es tan crítico tener ubicados líderes eficaces, pues se infiltran en cada nivel de una organización. Siempre que sea posible, deberíamos contratar a personas que piensen y actúen como líderes, sin importar qué papel estemos esperando llenar.

La mayor diferencia es que los gerentes sacan el máximo partido de sí mismos, mientras los líderes sacan el máximo partido de otras personas.

En la introducción mencioné mi anterior libro, *¿Quién Sostiene tu Escalera?* En él, hablo de las cinco cualidades clave de los líderes, a las que me refiero como "sostenedores de escalera".

Los líderes deberían ser:

- **Fuertes**, para poder manejar la enseñanza y la corrección.
- **Atentos**, para que presten atención y aprendan rápidamente.
- **Fieles**, para que crean en sus líderes.
- **Firmes**, para no ser sacudidos de un lado a otro por individuos manipuladores.
- **Leales**, para no cuestionar las motivaciones de sus líderes solo porque no aprueban su método.

Es crucial que los líderes en nuestra organización posean las anteriores cualidades, porque los líderes son quienes estarán sosteniendo tu escalera. Si no son personas de calidad que son buenas en lo que hacen, entonces tu escalera será inestable, fácilmente movida por cualquier viento que sople en tu dirección, y nunca podrás llegar hasta lo más alto. Pero si contratas a sostenedores de escalera superiores, no tendrás que tener miedo a subir hasta lo más alto y permanecer en el peldaño más elevado, porque sabrás que ellos evitarán que la escalera se mueva.

A los líderes superiores no hay que molestarlos o recordarles continuamente ninguna cosa, pues son intencionales y coherentes en su enfoque de su trabajo. Son fieles a la visión de la organización, y no miran alrededor para ver si hay algo mejor ahí afuera. Están ocupados edificando la organización, en lugar de estar edificando su propio currículum.

A fin de esperar este tipo de desempeño confiable de tus líderes, sin embargo, debes ofrecerles oportunidades de recibir formación. Pocos líderes de alto nivel tienen sostenedores de escalera que estén cualificados y formados. En la mayoría de las organizaciones, hay muchos seguidores y pocos gerentes. Por eso es importante mentorear y desarrollar a los líderes del futuro. Seguir el consejo de Jim Collins asegurará que las mejores personas estén en el autobús y que el autobús va por la dirección correcta. En definitiva, nosotros los líderes somos los conductores. Debemos controlar quién sube, quién baja, y dónde se sienta todo el mundo.

Puntos de enseñanza

1. Posicionar con propiedad a las personas previene problemas.
2. No pidas voluntarios para hacer un trabajo, independientemente de si el trabajo es remunerado o no. En cambio, recluta a personas que tengan las calificaciones necesarias.
3. Al contratar a personas, recuerda buscar un balance de ADC (actitud, destreza y conocimiento):

- Actitud: la mentalidad que determina lo enseñables que son.
- Destreza: la habilidad necesaria para realizar el trabajo.
- Conocimiento: la experiencia personal y las perspectivas que aportan a la mesa.

4. Un líder debe llegar a conocer a las personas que están en el equipo observando y entendiendo sus:
    - Actitudes
    - Afinidades
    - Ansiedades
    - Animosidades
5. Los miembros de tu equipo saben quién está desempeñando bien y quién no.
6. Decide durante la evaluación anual si un miembro del equipo debería ser retenido, reubicado y formado, o despedido.
7. Los líderes son el fundamento de una organización. Asegúrate de seleccionar sostenedores de escalera que sean:
    - Fuertes
    - Atentos
    - Fieles
    - Firmes
    - Leales

Capítulo 6

DESARROLLO DE LIDERAZGO

"¿Piensan de sí mismos los vicepresidentes de Ford Motor Company como 'mecánicos'? ¿Piensan de sí mismos los líderes de Unilever como 'fabricantes de jabón'? ¿Piensan de sí mismos los ejecutivos de Wal-Mart como 'especialistas en ventas al por menor'?"

—Jennifer Schuchmann
autora de *Your Unforgettable Life* (Tu vida inolvidable)

En la fiesta de cumpleaños de un niño, con frecuencia hay abundancia de globos de helio. Sin excepción, uno de esos globos se escapa entre las manos de uno de los niños asistentes y va flotando hacia arriba hasta el punto más elevado en la habitación. Para que suba aún más, alguien tendría que elevar el techo. Pero si alguien saca fuera el globo y lo suelta, ascenderá muy por encima de la casa, flotando por el cielo tan alto, que finalmente desaparece de la vista.

En todas las organizaciones hay globos y techos. Los "globos" son las personas que se elevan hasta cierto nivel y después se detienen. Los "techos" son los líderes que evitan que esos globos se eleven más alto.

Por ejemplo, un líder que tiene temor a correr riesgos es probable que desaliente a sus empleados de que los corran ellos. Un líder que se siente amenazado por un subordinado talentoso y de alto rendimiento puede refrenarse de darle una tarea de elevado perfil que pudiera impulsarlo a una posición más elevada. Tales líderes son el "techo" que evita que los "globos" suban más alto.

La meta de todo líder debe ser liberar los globos para que asciendan lo máximo posible. Quienes se interponen en el camino y mantienen a sus empleados atascados en un lugar están gobernados por sus propias inseguridades, y destinados a ahogar y detener el movimiento de avance de toda la organización.

La meta de todo líder debe ser liberar los globos para que asciendan lo máximo posible.

Los líderes pueden elevar el tejado

Hay importantes implicaciones en esta ilustración. La primera es que necesitamos tener en mente si estamos impidiendo el progreso de nuestros empleados, incluso si lo hacemos de manera no intencionada. En lugar de criticar a nuestros empleados, diciendo: "¿Por qué no está haciendo eso?", o "¿Cómo es que él nunca hace eso?", necesitamos asegurarnos de no ser nosotros quienes estemos evitando su ímpetu ascendente. Considerar la situación desde la perspectiva del globo cambiará con frecuencia nuestras actitudes.

Esto no significa que las personas que trabajan para nosotros nunca hacen nada equivocado o nunca se interponen en el camino de su propio éxito. Algunos globos puede que tengan un pequeño agujero o dos que permiten que el "helio" se escape e impiden su progreso ascendente. Pero si echamos una mirada más amplia a nuestra organización y dejamos de apresurarnos en culpar a partes individuales, podríamos identificar una manera de elevar el techo y ayudar a todos a ascender a nuevas alturas. De eso se trata el desarrollo de liderazgo. No es solamente dejar que un único globo vuele más alto; es aprender a quitar el tejado para dejar libres todos los globos.

LÍDERES DE CALIDAD

Repito: los líderes son las personas que sostienen nuestras escaleras mientras nosotros subimos en busca de nuestra visión. Son también las personas que mantienen firmes nuestras escaleras cuando son movidas por desafíos. Por lo tanto, ¿cómo podemos asegurarnos de tener a los mejores líderes sosteniendo nuestras escaleras? Hay tres opciones, y tres excusas correspondientes del porqué las personas las evitan.

La primera opción es hacerlo nosotros mismos. La ventaja de este plan es que nosotros tenemos siempre el control. La desventaja es que también es probable que nos enfrentemos al agotamiento. Las personas que trabajan en un entorno donde los líderes superiores lo hacen todo ellos mismos tienen la probabilidad de cesar todo movimiento ascendente. Los empleados que desean ascender más alto que los techos impuestos por los líderes buscarán oportunidades en algún otro lugar. La organización se levantará y caerá con nuestras propias fortalezas y debilidades.

La segunda opción es contratar a los mejores líderes que el dinero pueda comprar. Desgraciadamente, ninguna organización tiene un presupuesto ilimitado. Hay una gran brecha entre lo que necesitamos y lo que podemos permitirnos.

La tercera opción es desarrollar líderes internamente. Esta es la opción menos cara, pero es también la más arriesgada. ¿Qué sucede cuando aquellos a quienes hemos formado como líderes encuentran de repente una mejor oferta? El tiempo que hemos empleado en formarlos, ¡y habrá tomado una increíble cantidad de tiempo!, habrá sido desperdiciado, ¿cierto? Pero como dijo Zig Ziglar: "Lo único peor que formar empleados y perderlos es no formarlos y mantenerlos".

Ser mentores de otros también nos ayuda a crecer nosotros mismos.

Aunque cada una de estas opciones tiene ciertas ventajas y desventajas, la mejor opción es obviamente la tercera. No es que tenga menos desventajas que las otras dos opciones; es que las ventajas de la tercera opción son muy superiores a las ventajas de las otras. Desarrollar líderes no es un fin del juego donde los líderes llegan a ser eficaces solamente cuando están totalmente realizados. En cambio, el tiempo que empleamos en desarrollar líderes regresa en forma de tejado que es elevado en toda la organización. Más importante, ser mentores de otros también nos ayuda a crecer nosotros mismos.

Al igual que el líder determina el techo para sus empleados, nosotros determinamos el techo para los líderes que nos rinden cuentas. Y esta ilustración se aplica a todo tipo de organización. Si yo llego a ser un mejor padre, mi familia puede llegar más alto. Si llego a ser un mejor maestro de escuela, la clase va más alto. Si llego a ser un mejor líder, toda la organización se eleva conmigo.

Tres opciones de un líder:

1. Hazlo tú mismo: demasiado trabajo.
2. Contrata: demasiado dinero.
3. Desarrolla líderes desde adentro: demasiado tiempo.

Al final, desarrollar líderes desde adentro produce las mejores recompensas.

Líderes: ¿nacen o se hacen?

Un popular programa de televisión-*reality* que vi recientemente tenía como participantes a tres chefs que competían para preparar el mejor plato principal utilizando una lista concreta de ingredientes. Los tres chefs recibieron listas idénticas y el mismo límite de tiempo. Cuando sonara la campana, los chefs tenían que detener lo que estaban haciendo y presentar su plato a un panel de jueces que elegían un ganador. El formato de este programa es una útil ilustración de lo que sucede durante el desarrollo de liderazgo. Varios mentores, junto al mismo individuo, desarrollarán a ese individuo de maneras diferentes; y desde luego, ese individuo responderá de manera distinta a cada mentor, al igual que los mismos ingredientes fueron colocados de modo distinto por los varios chefs en la competencia televisiva.

Hay varias implicaciones de este paralelismo, la primera de las cuales es que los líderes deberían buscar establecer relaciones con más de un mentor. Y nosotros, como líderes, deberíamos no solo desarrollar a los líderes que están por debajo de nosotros, sino también alentarlos a buscar a otros mentores fuera de nuestra organización que puedan ayudar a desarrollar sus características y aptitudes.

Se dice que algunas personas "nacen líderes", pero yo propongo con todo respeto que es imposible nacer siendo líder. Los líderes no nacen; se hacen, al igual que se hace el pan de pasas. El desarrollo de liderazgo es una actividad intencional. De igual modo, el pan de pasas no se crea a sí mismo, aunque reunamos todos los ingredientes y los dejemos toda la noche sobre el mostrador de la cocina. Alguien debe tomar conscientemente los ingredientes y mezclarlos, poner la mezcla en la cantidad de calor adecuada y dejar que suba, después golpearla para que baje y comenzar otra vez el proceso hasta que la masa tenga la consistencia perfecta para hornear. Solamente entonces subirá adecuadamente en el horno. El mismo tipo de actividad intencional es necesaria para formar un líder y ayudarlo a elevarse.

El desarrollo de liderazgo es una actividad intencional.

Aunque creo que nadie "nace" líder, también creo que todos nacen con los ingredientes crudos necesarios para llegar a ser líder, bajo las circunstancias correctas. Y cada uno de nosotros es un líder de alguna manera, dependiendo de nuestro lugar y rol en el mundo. En una familia, papá podría ser un gerente en una oficina. Las personas que trabajan para él reconocen que él es el líder. Pero mamá es también líder. Ella dirige la casa, es co-líder de la tropa de Niños Escuchas de su hijo, y está al frente de la Asociación de Padres en la escuela de sus hijos. Su hijo, Junior, es también un líder. Quizás sea quien marca el ritmo académico en la clase de cuarto grado o es el capitán del equipo de balón prisionero en el receso. Incluso el perro de la familia puede liderar con su ladrido cuando un extraño se acerca a la puerta.

Por lo tanto, si todo el mundo es capaz de ser líder, ¿cómo explicamos las diferencias en capacidad que vemos demostradas por varios líderes? En una escala de uno a diez, siendo el diez lo mejor, algunos líderes llegarán hasta el diez, mientras que otros ascenderán solamente hasta el tres. Los ingredientes necesarios están ahí, pero nunca parecen combinarse de una manera que impulse al líder a alcanzar su pleno potencial. Es ahí donde intervienen los líderes, para ofrecer formación y apoyo en el desarrollo. Con la formación adecuada, se enseña a los perros a guiar a personas con problemas de visión por las ajetreadas calles. ¿Quién sabe de qué serán capaces nuestros líderes si invertimos tiempo en desarrollarlos?

Factores clave de liderazgo que afectan al desarrollo de liderazgo

Hay tres factores clave que afectan al desarrollo de liderazgo. El primero de esos factores es el material en sí. La inteligencia de un individuo, su salud física y emocional, su nivel de energía y su personalidad desempeñan un papel en el tipo de líder que llegará a ser. El segundo factor es el contexto en el cual se desarrolla el líder. Algunos líderes se desarrollan mejor mediante un coaching individual, mientras que otros aprenden mejor mediante la prueba y el error, solucionando demandantes retos de liderazgo a la vez que son alentados desde las bandas.

El tercer factor es la persona que realiza el desarrollo. Finalmente, un mentor puede enseñar e impartir solamente lo que él ya sabe.

Al igual que la competencia de cocina en televisión que describí antes, el resultado del desarrollo de liderazgo está determinado en gran parte por el modo en que el mentor usa los ingredientes dados en un contexto específico. Un líder con una disposición tímida probablemente se desarrollará mejor con un coaching tranquilo y de apoyo, que por un mentor cuyo enfoque es más de "prueba de fuego". Por el contrario, si el líder en desarrollo se mueve mejor con los retos, pero no tiene oportunidades prácticas de probar sus nuevas habilidades, no alcanzará su pleno potencial.

Desarrollar y mentorear líderes se parece mucho a enseñar a andar a un bebé. Primero, los padres ayudan a su hijo a mantenerse en pie solo, sin caerse. Cuando el bebé domina el mantenerse de pie, los padres se alejan un paso y alientan al bebé a dar un paso. Finalmente, los padres se mueven por la habitación y animan a su hijo a que vaya hacia ellos. Si el bebé comienza en la dirección equivocada, sus padres le darán la vuelta. Cuando parece que el bebé está a punto de encontrarse con un obstáculo potencialmente peligroso, sus padres se apresuran a protegerlo. Y cuando el bebé se cae y no puede volver a levantarse, sus padres vuelven a ponerlo de pie para que pueda volver a intentarlo.

Toma tiempo para que un bebé aprenda a caminar, y toma tiempo para que cada líder desarrolle sus habilidades. El proceso de aprendizaje continúa indefinidamente. No hay tal cosa como un líder totalmente desarrollado. Eso es un mito.

No hay tal cosa como un líder totalmente desarrollado.

En mi libro *¿Quién Sostiene tu Escalera? La decisión más importante del liderazgo: Seleccionar tus líderes,* describí cómo me convertí en un "líder accidental". Hasta hace poco tiempo nunca recibí mentoría, así que ser mentor de otros no se me hacía fácil. Como resultado, cualquier mentoría que yo daba era también accidental. Pensaba que ser mentor de otros significaba recomendar buenos libros que yo había leído sobre gerencia. No creaba líderes intencionalmente; por lo tanto, cuando veía a líderes levantarse por sí solos, no sabía qué hacer con ellos. En algunos casos, me sentía amenazado por su potencial, de modo que daba pasos, neciamente, para bajar el techo. El resultado era disfuncionalidad por todas partes.

Desde entonces, he madurado hasta el punto de que entiendo que yo tenía que crecer personalmente antes de poder esperar ser mentor de otros y obtener cualquier grado de éxito. Una de las claves de mi propio crecimiento era rodearme de personas que fueran mejores líderes que yo. A veces, los nuevos líderes son intimidados a sostener su diminuta y titilante vela al lado del resplandor de una fogata. Por lo tanto, prefieren quedarse en la oscuridad, donde la suya es la única luz que brilla. Pero lo cierto es que no lo sabemos todo, y no deberíamos tener miedo a pedir ayuda cuando la necesitemos. Entender nuestras propias insuficiencias significa que tenemos menor probabilidad de transmitirlas. Aprender de quienes son más experimentados, y ser humillados por el conocimiento de nuestras propias limitaciones, puede ayudarnos a desarrollarnos más plenamente y, a su vez, ayudar a otros a hacer lo mismo.

Aprender de quienes son más experimentados, y ser humillados por el conocimiento de nuestras propias limitaciones, puede ayudarnos a desarrollarnos más plenamente.

En este momento tengo once mentores diferentes, cada uno de los cuales me habla sobre un área concreta de mi vida. ¿Cómo encontré a esos mentores? Seguí tres pasos:

1. Categoricé cada área de mi vida que sentía que necesitaba mentoría y coaching continuados.
2. Identifiqué a personas con conocimiento especializado y habilidad en cada una de esas áreas.
3. Pregunté a esas personas si considerarían ser un mentor para mí.

GUÍA BÁSICA DE MENTORÍA

¿Qué es la mentoría? Según el Dr. John C. Crosby, director ejecutivo de *Uncommon Individual Foundation*, una organización dedicada exclusivamente a la mentoría: "Mentoría es un cerebro para provocar, un oído para escuchar, y un empuje en la dirección correcta". En su libro *The Kindness of Strangers* [La bondad de los extraños], Marc Freedman escribió: "Mentorear se trata principalmente de pequeñas victorias y sutiles cambios". Los dos hombres tienen razón. La mentoría no se trata de las grandes cosas; se trata de las pequeñas.

Yo creo que desarrollar a un líder comienza pasando tiempo con él. ¿Sabe cuáles son sus dones? ¿Los está usando? Si no, ayúdale a desarrollar tanto la comprensión como la práctica de sus dones únicos. Hacerlo ayudará a establecer su confianza cuando vea que no estás intentando cambiarle; intentas hacer que sea una mejor versión de quien ya es.

Todo el mundo está bajo el mismo cielo, pero no todos tenemos los mismos horizontes.

En mi último libro *Who Moved Your Ladder?: Your Next Bold Move*, describo en detalle cómo fui mentor del Dr. Benson Karanja. Actual presidente de *Beulah Heights University*, él comenzó en la plantilla de personal allí como conserje. Mi mentoría a Benson implicó presentarle a otros ejecutivos y posicionarlo como alguien de importancia ante los ojos de ellos. Yo creía en él, y respaldé esa creencia corriendo riesgos con él. Amplié su mundo ayudándolo a conectarse con personas que estaban fuera de su zona de comodidad. Todo el mundo está bajo el mismo cielo, pero no todos tenemos los mismos horizontes. Yo intenté abrir los horizontes de Benson para que él pudiera ver más. Eso le ayudó a percibirse a sí mismo de modo distinto, y la autopercepción tiene mucho que ver con el desarrollo de liderazgo.

Como escribió Jennifer Schuchmann: "¿Piensan de sí mismos los vicepresidentes de *Ford Motor Company* como 'mecánicos'?. ¿Piensan de sí mismos los líderes de *Unilever* como 'fabricantes de jabón'?. ¿Piensan de sí mismos los ejecutivos de *Wal-Mart* como 'especialistas en minoristas'?". No. Cuando los ejecutivos alcanzan cierto nivel de liderazgo, ya no se trata de administrar un producto o servicio; se trata de liderar a personas. Si los ejecutivos de *Ford, Unilever* y *Wal-Mart* dependieran de su capacidad de fabricar vehículos, fabricar jabón y vender productos para el hogar, no serían definidos como grandes líderes. El verdadero liderazgo tiene que ver con administrar personas e ideas. Por eso los buenos líderes pueden fácilmente cambiar de empresa a empresa o incluso de industria a industria. Sus talentos no son demostrados en sus productos; son demostrados en su personal.

La formación se enfoca en tareas; el desarrollo se enfoca en la persona. La formación es unidireccional; el desarrollo es omnidireccional.

A veces olvidamos que desarrollar líderes tiene poco que ver con la formación. No estamos desarrollando las habilidades; estamos desarrollando a los líderes. Uso deliberadamente el término *desarrollando* en lugar de *formando*. Existe una inmensa diferencia entre formar a personas y desarrollarlas. La formación se enfoca en tareas; el desarrollo se enfoca en la persona. La formación es unidireccional; el desarrollo es omnidireccional. Formamos a personas para que sean recepcionistas. Cuando su formación está completa, son buenos recepcionistas que realizan bien sus tareas asignadas; pero no los hemos desarrollado, con el resultado de que no están preparados para pasar a ninguna otra posición excepto aquella para la cual han sido formados.

Por eso creo que tenemos una responsabilidad de *desarrollar* líderes, estratégica y espiritualmente. Cuando desarrollamos a otros, necesitamos emplear tanto tiempo enfocándonos en la vida interior como el que empleamos en las partes que podemos ver. El liderazgo es cuestión de cómo *ser*, no de cómo *hacer*. Se trata del *quién*, no del *qué*.

***El liderazgo es cuestión de cómo* ser, *no de cómo* hacer. *Se trata del* quién, *no del* qué.**

Cuando yo estaba en la universidad, tenía un empleo pintando casas; pero era mucho más que un pintor. También era raspador, trabajando para quitar la pintura vieja antes de aplicar una capa nueva. Era calafateador, asegurándome de que las grietas estuvieran selladas. Era preparador de superficies, haciendo todo lo necesario para asegurarme de que la superficie absorbiera la pintura. Si no hacía primero todas esas otras tareas, mis trabajos de pintura no habrían gustado a las personas que me contrataban.

Del mismo modo, necesitamos preparar a los líderes que desarrollamos. Tienen que ser cultivados a nivel personal. Necesitamos ayudarles a quitar la pintura vieja, sellar las grietas, y preparar la superficie para lo que estamos a punto de hacer con ellos. Si no tomamos el tiempo para asegurarnos de que los individuos están preparados, entonces nuestros esfuerzos de mentoría no valdrán nada. Esos líderes serán como una mancha en la pared que no fue tratada con pintura de imprimación: permanecerán sin variaciones, sin importar cuántas veces pongamos pintura sobre ellos. Pero si tomamos el tiempo para preparar adecuadamente a las personas, entonces nuestra mentoría les ayudará a cambiar desde adentro hacia fuera.

A pesar de todo, los líderes deben trabajar en su propio desarrollo personal antes de buscar desarrollar a otros. El desarrollo personal incluye abordar las cosas "delicadas" en el interior. También incluye cosas básicas sobre su trabajo, como terminar el trabajo, hacer que su personal rinda cuentas, y mantenerse enfocado. Cuando se las hayan arreglado consigo mismos, pueden cambiar su enfoque hacia otros: ganar compromiso de parte de los miembros de su equipo, manejar conflicto, y vencer los obstáculos.

Un líder...

> Lo ve (sabe).
>
> Lo busca (crece).
>
> Ayuda a otros a verlo (muestra).

Quizás el mejor indicador de progreso en las personas de las que hemos sido mentores sea cuando observamos que ellos están siendo mentores de otras personas; que han pasado de dirigir proyectos a dirigir a personas. No todos con quienes trabajamos para desarrollar harán esa transición. Algunos lo intentarán, fracasarán y nunca volverán a intentarlo. Pero cuando veamos a un líder finalmente apropiarse de desarrollar a otro líder, podríamos realmente ver el tejado elevarse un poco.

Preparación de nuestros sucesores

La estabilidad en el trabajo no se fortalece cuando ignoramos la necesidad de un eventual sucesor. Deberíamos estar desarrollando a personas con la meta de prepararlas para dar el paso en cualquier momento, y ponerse en nuestro lugar. Algunos líderes se sienten amenazados por el proceso de preparación de sucesores potenciales. Se preguntan qué sucederá si las personas a quienes forman llegan a ser más exitosas o hacen un trabajo mejor del que hicieron ellos mismos.

Esos temores son naturales, pero tenemos que hacerlos a un lado. Finalmente, el techo se elevará, de un modo u otro. Es mejor si somos nosotros quienes lo elevamos. Tener líderes adicionales en lo más alto puede ayudar a elevar más las vigas del tejado de lo que sería posible si un solo líder las elevara. Pensemos en cuánto podría crecer una organización si hubiera dos en lo más alto. ¿Y si hubiera cuatro, ocho, o incluso dieciséis líderes superiores? Formar a líderes para que hagan lo que nosotros hacemos no tiene que ser una estrategia de salida; puede ser una estrategia de expansión.

Formar a líderes para que hagan lo que nosotros hacemos no tiene que ser una estrategia de salida; puede ser una estrategia de expansión.

Preguntaron al director de una orquesta compuesta por cientos de profesionales: "¿Cuál es el instrumento más difícil de tocar?". Él no dudó en su respuesta: "Segundo violín", dijo. "Cualquiera puede tocar en la primera fila, pero tocar en la segunda es mucho más difícil".

Su respuesta tiene todo el sentido. La segunda fila de cualquier instrumento dado en un grupo musical hace el mismo tipo de trabajo, y probablemente trabaja igual de duro, que la primera fila. En algunas ocasiones, el músico en la segunda fila puede que trabaje incluso más, y por menos reconocimiento y menor salario. Y en caso de que se le rompa una cuerda al primer violín, el músico que toca el segundo debe estar dispuesto a ceder su instrumento al que toca en primera fila.

Si el músico de la primera fila se va, resultando en el ascenso del segundo, también debe vencer los estereotipos y los rumores de que no era lo bastante bueno para estar en ese puesto desde el principio, y aún así encontrar el modo de hacer su trabajo. Para quienes estamos en la "primera silla", ayudar a los que están en la segunda silla a estar preparados para sucedernos no debería ser amenazante; debería ser un honor.

Cuando nuestro período como altos líderes llegue a su fin, deberíamos apuntar a dejar atrás tres cosas. La primera es recuerdos. La segunda es un líder bien desarrollado. La tercera, y quizás la más importante, es un techo que sea más elevado que cuando llegamos.

PUNTOS DE ENSEÑANZA

1. Un globo puede llegar solamente tan alto como el techo. Y los líderes determinan en gran parte las alturas que su equipo puede alcanzar.
2. Tres opciones de liderazgo son:
   - Hazlo tú mismo: demasiado trabajo
   - Contrátalo: demasiado dinero.
   - Desarrolla líderes desde adentro: demasiado tiempo.

   Al final, desarrollar líderes desde adentro produce las mejores recompensas.
3. Los líderes no nacen; se hacen mediante el desarrollo intencional.
4. Todo el mundo posee los ingredientes crudos necesarios para llegar a ser líder.
5. Tres factores que determinan el desarrollo de liderazgo son:
   - El material crudo: un individuo y sus recursos personales.

- El contexto en el cual la persona será desarrollada.
- La persona que realiza el desarrollo.

6. Desarrollar líderes es como enseñar a andar a un bebé. Debe hacerse paso a paso.
7. Quienes fueron líderes accidentales se convirtieron en mentores accidentales, enseñando solamente lo que saben.
8. Para crecer, debemos rodearnos de personas que sean mejores que nosotros.
9. Ningún líder lo sabe todo. Nunca tengas miedo de pedir ayuda.
10. Desarrollar líderes tiene poco que ver con formar, porque el liderazgo se trata de *ser*, no de *hacer*.
11. Un líder debe desarrollarse él mismo primero, antes de poder enfocarse en desarrollar a otros.
12. Una marca de tu progreso en desarrollar a un líder es cuando él o ella comienza a usar sus dones para desarrollar las capacidades de liderazgo de otros.
13. Ignorar la necesidad de un sucesor no nos da una estabilidad laboral mejorada.
14. Cuando dejamos vacante una posición de liderazgo, deberíamos asegurarnos de que el techo sea más elevado de lo que era cuando llegamos.

Capítulo 7

CAMBIO VS. TRANSICIÓN

"La vida es agradable. La muerte es pacífica. Lo agitado e inquietante es la transición."

—Isaac Asimov
novelista y erudito

Teisha había dirigido exitosamente el departamento de contabilidad en su empresa durante más de siete años. Recientemente, su jefe, Matt, le preguntó si consideraría trasladarse al departamento de mercadeo, donde él necesitaba tener a un gerente con experiencia. La posibilidad de realizar análisis de mercadeo apelaba a su interés en los números, de modo que Teisha estuvo de acuerdo en realizar el movimiento. Matt anunció el cambio un lunes. Poco después, Teisha empacó sus cosas y se trasladó a una oficina en el séptimo piso cercana al equipo de mercadeo. El cambio fue fácil, pero la transición no lo fue.

En cuanto Matt hizo el anuncio, comenzó la murmuración. Todo el mundo quería saber: ¿Estaba una contable cualificada para liderar el departamento de mercadeo? ¿Quién sería el próximo gerente de contabilidad? ¿Era Teisha responsable del despido del anterior gerente de mercadeo? John había trabajado duro en mercadeo durante cinco años. ¿Por qué no fue escogido para liderar el departamento? ¿Acaso no entendía Matt que a los miembros del departamento de mercadeo no les caía bien Teisha porque ella siempre exigía recibos para sus reembolsos de gastos? Y la lista de preguntas continuaba.

El cambio vs. la transición

El cambio es un evento externo que resulta de una decisión. Trasladar a Teisha de contabilidad a mercadeo constituyó un cambio. Fue anunciado, ella cambió de oficina, y se terminó.

La transición, por otro lado, incluye el procesamiento emocional, relacional, financiero y psicológico del cambio. Las transiciones son internas. En este ejemplo, la transición incluía temores sobre el nuevo liderazgo del departamento de mercadeo, afinidades con el anterior gerente de mercadeo, animosidades hacia Teisha, alianzas inapropiadas, y muchos otros "problemas de personas" que Matt no reconoció o decidió ignorar.

Entender las diferencias entre cambio y transición puede ayudar a los líderes a planear adecuadamente ambas cosas. Es raro que el cambio en sí cause problemas. Por lo general, el culpable es una falta de planificación transicional adecuada. Los líderes son responsables de anticipar las dinámicas de cada transición y enfocarlas estratégicamente. Con demasiada frecuencia, sin embargo, emplean tanto tiempo planeando los detalles del cambio, que no abordan los problemas transicionales, y menos aún los contabilizan.

Los líderes son responsables de anticipar las dinámicas de cada transición y enfocarlas estratégicamente.

PLANES TRANSICIONALES

Para ser un eficaz principal oficial ejecutivo o presidente, supervisor u otro tipo de líder, no es suficiente con solo pensar detenidamente lo que vamos a hacer. También debemos tomar tiempo para anotar todas las contingencias y crear un plan transicional por escrito.

Antes de realizar el cambio que implicaba a Teisha, Matt debió haber hecho una lista de todos los problemas que era capaz de prever, en especial qué tipo de vacío crearía al trasladar a Teisha a un departamento diferente. En este caso, el departamento de contabilidad se quedaría sin un gerente, al menos temporalmente.

A continuación, Matt debió haber intentado imaginar la nueva situación que estaba creando, en la cual Teisha podría no ser respetada por las personas a las que su tarea era liderar. Entonces, debió haber intentado pensar en qué podría hacer para ayudar a Teisha a ganarse el respeto de sus colegas.

Las anteriores son algunos ejemplos concretos de algunas preguntas genéricas que deberíamos hacernos cuando realizamos cambio de personal. Otras preguntas generales incluyen:

- ¿Quiénes serán afectados por el cambio propuesto?
- De esas personas, ¿quiénes son los que se preocuparán?
- De los que se preocuparán, ¿quiénes lo harán profundamente?
- De quienes se preocuparán profundamente, ¿quiénes serán positivos respecto al cambio, y quiénes no lo serán?

La pregunta principal, en el caso de Matt, es esta: ¿Cómo posiciono a Teisha para el éxito en su nuevo rol?

Después de pensar bien en ese tipo de preguntas, el líder debe bosquejar un plan escrito, y después tomar decisiones estratégicas basándose en ese plan que tome en consideración las preguntas siguientes:

- ¿Cómo enfocaré a cada persona?
- ¿Qué información necesitará cada persona para entender este cambio?
- ¿Cómo le comunicaré los detalles?

Permite que comparta otra ilustración. Digamos que tú eres el principal oficial ejecutivo de una empresa en la cual uno de tus gerentes de departamento, un joven llamado Tim, viola la política de la empresa sobre acoso sexual, y tienes que aplicar la acción disciplinaria. Le pides que deje su posición, pero pronto surgen problemas. Algunas de tus empleadas piensan que no fuiste lo bastante duro con él. Algunos de tus empleados piensan que fuiste demasiado duro con él. Y algunas otras personas piensan que no hubo nada de malo en lo que él hizo, pensando que muchos líderes hacen lo mismo cada día en empresas en todo el país.

¿Ves lo que está sucediendo? Hiciste un cambio que se suponía que no iba a ser gran cosa, pero muchos problemas transicionales han regresado a ti para morderte. Habría sido sabio trazar primero todas las contingencias, sabiendo que algunos de esos planes sucederán, y no tendremos que preocuparnos por otros. No podemos planearlo todo, pero deberíamos intentar pensar en los problemas transicionales lo más detalladamente posible.

Matt debió haber enfocado el cambio del rol de Teisha con un pensamiento sistémico, teniendo en mente que un cambio en un departamento afecta también a todos los otros departamentos. Cuando la transición se ha solucionado y los empleados están seguros, el cambio no supone problema alguno. Liderar una organización en medio del cambio es fácil si primero entendemos cómo manejar la transición.

CÓMO HACER LA TRANSICIÓN

William Bridges es un destacado experto en cambio y transición. En su libro más reciente, *Managing Transitions: Making the Most of Change* [Cómo manejar las transiciones: sacar el máximo partido al cambio], plantea que la razón por la cual los agentes de cambio fallan se debe a que se enfocan en la solución, en lugar de hacerlo en el problema. Él cree que un líder debería emplear el 90 por ciento de sus esfuerzos en vender el problema y ayudar a las personas a entender lo que no está funcionando. Afirma correctamente que las personas no perciben la necesidad de una solución si no creen que haya un problema en un principio.

Las personas no perciben la necesidad de una solución si no creen que haya un problema en un principio.

Digamos que tengo una asistente administrativo que no está funcionando. Habitualmente llega tarde, siempre tiene una mala actitud, y carece de las habilidades necesarias para su trabajo. Despedirla resolvería ese problema, pero antes de que pueda despedirla, necesito considerar cómo afectará tal acción a sus compañeros de trabajo. Actualmente, ella obtiene mucho apoyo por parte de ellos, ya que está embarazada y también tuvo que cambiar de apartamento recientemente. Ellos actúan como facilitadores de su conducta y me alientan a que yo haga lo mismo, recordándome la situación de ella.

Este es un ejemplo de cómo las demandas pueden convertirse en problemas transicionales. Despedir sin causa a una mujer embarazada podría causar problemas legales a mi empresa y a mí mismo. Debo estar seguro de que se entienda el problema. Desde luego, yo soy consciente de que ella no está siendo una buena asistente, pero tengo que ayudar a todos los demás en la oficina a entender que su incapacidad para hacer su trabajo está causando problemas para todos nosotros. Si no lo hago, ellos serán los primeros en debilitarme diciendo a la nueva asistente que contrate: "¿Sabías que él despidió a la mujer embarazada que vas a sustituir?".

Claramente, parte de la transición es ayudar a las personas a entender el problema que el cambio va a abordar, de modo que ellos acepten el cambio como una solución.

En mi libro *Who Moved Your Ladder?* (¿Quién movió tu escalera?), dedico mucho tiempo al tema de los problemas transicionales, usando el ejemplo de mi renuncia de mi posición como presidente de *Beulah Heights University*. En lugar de tan solo anunciar mi renuncia, viajé por todo el país para reunirme con miembros de juntas, y decirles personalmente lo que iba a hacer y por qué. También desarrollé a un sucesor potencial.

Al hacer ese cambio, tenía un plan de transición preparado con antelación. Sabía con quién iba a hablar, cuándo iba a hablar con ellos, y qué iba a decir. Y puedo decirte que el tiempo que pasé pensando y planeando la transición hizo que algo que de otro modo podría haber sido una situación negativa, fuese un período de crecimiento positivo para mí y para la universidad igualmente.

LOS LÍDERES SON RESPONSABLES DE LAS TRANSICIONES

Una transición exitosa no es responsabilidad de las personas que pasan por el cambio. La responsabilidad de una transición exitosa pertenece al líder que inicia ese cambio.

La responsabilidad de una transición exitosa pertenece al líder que inicia ese cambio.

En uno de mis seminarios, una joven llamada Regina describió que ella había sido ascendida de su rol en el ministerio de niños en su iglesia a un ministerio de educación cristiana. Regina había hecho todo lo que se le ocurrió para preparar para el cambio a las personas que le rodeaban. Ayudó a elegir y después formar a su sucesor, y también ayudó a cambiar al equipo de personas a las que anteriormente lideraba a su nuevo líder.

Pero nadie hizo lo mismo para Regina. El pastor de la iglesia no hizo el anuncio de que Regina había sido ascendida a su nuevo rol. Para complicar más aún las cosas, no le habían dicho al anterior ministro de educación cristiana que ya no tenía trabajo, y por eso él siguió operando como si nada hubiera cambiado. Este es un ejemplo de libro de texto de un cambio que se hizo sin tener consideración alguna por la transición. Regina había hecho el cambio, pero sin el pastor para ayudar a facilitar la transición, ella se vio impotente en su nuevo rol e incapaz de cumplir con las responsabilidades correspondientes.

Algunas personas podrían preguntarse cómo un pastor de una iglesia pudo manejar tan mal una transición. Yo creo que lo sé. Fue porque Regina era su hija, y él estaba preocupado por cómo la gente podría reaccionar a que él le diera un rol tan importante. Él sentía que ella era la mejor persona para ese trabajo, y ella sentía que estaba preparada. Pero debido a que la transición no se manejó apropiadamente, nadie más en la iglesia tenía esa misma confianza. Ahora el pastor intenta solucionar el asunto, tratando problemas personales y también profesionales.

Mi recomendación a Regina fue que su padre se pusiera delante de la iglesia y les dijera: "Mi hija Regina va a proveer un gran liderazgo al departamento ministerial de educación cristiana en nuestra iglesia. Realmente, ella debería haber estado operando en esa posición los tres últimos meses, pero yo fui descuidado y no hice el anuncio. Estoy corrigiendo eso hoy. Ven aquí, Regina, y habla a todos acerca de tu visión. ¿Qué va a hacer Dios contigo?"

El pastor necesitará apoyar la visión de ella y también hacer que la gente ore por ella en su nuevo rol, como un tipo de toma de posesión. Él también tiene que reconocer que fue descuidado al no informarles de la transición antes, de modo que todos entenderán la razón del retraso.

Asimilar a personas nuevas en roles de liderazgo es uno de los cambios más difíciles que realizaremos jamás. Sin embargo, si como líderes somos conscientes de las diferencias entre transiciones y cambios, si preparamos y ejecutamos adecuadamente un plan transicional, y si aceptamos la responsabilidad de los cambios que nosotros iniciamos, entonces los resultados bien valdrán la pena el esfuerzo.

Puntos de enseñanza

1. El cambio es el resultado de una decisión.
2. La transición incluye el procesamiento emocional, relacional, financiero y psicológico del cambio.
3. El cambio es externo; la transición es interna.
4. El cambio puede con frecuencia ser suave. La transición raras veces lo es.
5. Los líderes son responsables de anticipar los problemas transicionales y desarrollar una estrategia para abordarlos cuando realizan cambios en su organización.
6. Un plan transicional debe tomar en cuenta todas las contingencias, y debe ser escrito.
7. Al prepararse para realizar un cambio, el líder debería considerar las dos siguientes preguntas:

   (1) ¿Qué vacío se creará con este cambio?

   (2) ¿Qué situación se creará como resultado de este cambio?

8. Otros problemas de personal que deberían considerarse son:
    - ¿Quiénes serán afectados por el cambio propuesto?
    - De esas personas, ¿quiénes son los que se preocuparán?
    - De los que se preocupan, ¿quiénes lo harán profundamente?
    - De quienes se preocupan profundamente, ¿quiénes serán positivos respecto al cambio, y quiénes no lo serán?
9. Todo plan transicional debería incluir acciones que hay que tomar para cada persona involucrada.
10. William Bridges, el experto en cambio, cree que el 90 por ciento de los esfuerzos de un líder deberían emplearse en vender el problema. Las personas no necesitan una solución si no tienen un problema.
11. Una transición exitosa no es responsabilidad de las personas que pasan por el cambio. La responsabilidad de una transición exitosa pertenece al líder que realiza el cambio.
12. Asimilar a personas nuevas en roles de liderazgo es uno de los cambios más difíciles que efectuaremos jamás.

Capítulo 8

CONFLICTO

"Todo el mundo en los Estados Unidos es blando, y aborrece el conflicto. La cura para esto, tanto en política como en la vida social, es la misma: fuerza de voluntad."

—John Jay Chapman
escritor y ensayista estadounidense

Después de haber naufragado, un hombre había vivido en una isla desierta durante casi cuatro años cuando oyó que pasaba un barco por la costa. Corrió hasta la orilla, ondeando una antorcha con la esperanza de hacer una señal al barco. El capitán lo vio y envió una barca de remos para investigar, llevando con él a varios miembros de la tripulación. Cuando se acercaban al frente de playa, se maravillaron por lo que vieron. El hombre obviamente había aprovechado bien las escasas provisiones que tenía a su disposición.

"Esto es increíble", dijo el capitán. "Antes de irnos, ¿le importaría darnos un rápido tour a mis hombres y a mí?".

"En absoluto", dijo el náufrago aliviado.

Mientras les mostraba la pequeña isla, ellos notaron tres cabañas.

"¿Por qué tres cabañas?", preguntó el capitán.

"Yo vivo en la primera", respondió el hombre. "La segunda es la iglesia a donde voy. Pensé que sería importante adorar en un edificio separado".

El capitán estaba impresionado. "Entonces, ¿para qué se usa la tercera?", preguntó.

"Ah, ¿esa?", dijo el náufrago. "Esa es la iglesia a la que *solía* ir".

El propósito del conflicto

A la mayoría de los líderes eclesiásticos que oyen esta historia les resulta a la vez divertida y precisa, porque todos ellos conocen a personas que han dejado su congregación sin una razón aparente. Mientras algunas personas dejan una congregación por otra debido a sinceras diferencias teológicas, muchas más se van debido al conflicto no resuelto. Como líderes, ya sea de una iglesia, un negocio, u otro tipo de organización, es importante que entendamos el conflicto, su uso adecuado, y cómo resolverlo mejor.

No hay tal cosa como una zona libre de conflicto. El único modo de eliminar el conflicto es dejar de hacer algo y suspender toda interacción humana. Mientras haya movimiento o actividad humana, o participación, habrá conflicto. Cuando dos, o tres, o doscientos están reunidos, en un matrimonio, un negocio o una iglesia, es inevitable que haya conflicto. Por eso, cuando un pastor me dice que él lidera una congregación pacífica en la cual todo el mundo se lleva bien, pienso para mí: "O usted está fuera de contacto con la realidad, o no está haciendo nada".

A veces, tenemos tanto temor al conflicto que caminamos hacia la paz y el consenso, cuando un poco de conflicto podría realmente ayudar a la causa. La falta de conflicto no necesariamente es señal de progreso; de hecho, probablemente sea señal de inactividad. El conflicto es algo que siempre será. En su núcleo, no es bueno ni malo; simplemente es. Y es el modo en que lo tratamos lo que produce resultados positivos o negativos.

La falta de conflicto no necesariamente es señal de progreso.

Los beneficios del conflicto

El conflicto puede tener un propósito útil. Cuando hay conflicto, eso nos impulsa a explorar más a fondo los problemas que rodean ese conflicto. La tensión asociada puede causar que miremos más profundamente una decisión, asegurándonos de tener toda la información que necesitamos y no pasar por alto nada. En esencia, el conflicto se convierte en nuestra motivación para estar seguros de que examinamos la situación en detalle. Nadie quiere estar en el lado equivocado de un problema que no investigó totalmente.

Cuando surge un conflicto en torno a cierto problema, con frecuencia las personas están más comprometidas a la decisión final porque tienen confianza en que el problema ha sido examinado desde todos los ángulos, produciendo la mejor solución posible.

Para que el conflicto dé resultados positivos, debe involucrar diálogo con las partes oponentes antes de que se tome una decisión. El proceso de tomar la decisión se vuelve más importante que la decisión misma. Incluso personas con perspectivas contrarias responderán positivamente, o al menos "acordarán estar en desacuerdo", si sienten que su perspectiva fue oída y entendida por quienes toman la decisión.

El lado oscuro del conflicto

Pero el conflicto puede tener también un lado oscuro. Consideremos a un líder que se enfrenta al conflicto en cada decisión que intenta tomar. Si no aprende a abordarlo de maneras constructivas, finalmente dejará de tomar decisiones. Como un perro cuyo dueño ha instalado una valla electrónica invisible alrededor de la propiedad, aprende rápidamente que es mejor evitar los límites por completo y mantenerse bien dentro de las líneas, en lugar de arriesgarse a ser electrocutado. Cuando eso le sucede a un líder, se ve condicionado a alejarse de un problema en lugar de abordarlo, todo ello debido a su temor al conflicto. Como resultado, el ámbito de su liderazgo queda restringido, con un correspondiente límite del potencial de su visión.

Cada año, más de diez mil pastores renuncian en los Estados Unidos solamente debido a conflictos irresolubles en sus iglesias. El deseo de evadir problemas difíciles y dar vuelta a las distracciones causadas por el conflicto puede hacer que huyamos de él en lugar de abordarlo de frente. Cuando situamos el mantener la paz por encima de todo lo demás, perdemos oportunidades para el avance y el crecimiento, muchas de las cuales necesitan el conflicto.

Cuando situamos el mantener la paz por encima de todo lo demás, perdemos oportunidades para el avance.

Es necesario un poco de conflicto

Todos hemos oído la vieja frase: "No se puede agradar a todo el mundo". Me gustaría que alguien me hubiera dicho hace mucho tiempo: "Sam, habrá sangre en el piso. Puede que sea tuya, o puede que sea de ellos; pero para llegar hasta donde vas, tendrás que pagar por ello con sangre". Desde luego, incluso si alguien me hubiera dicho eso, probablemente yo no lo habría entendido hasta que hubiera experimentado esa verdad de primera mano. Pero he aprendido desde entonces que hay un precio qué pagar por el crecimiento y el progreso.

La disciplina es tan solo un ejemplo de conflicto necesario. Si debes reprender a un empleado por violar una política de empresa, él o ella probablemente no te enviará una nota de agradecimiento, aunque termine creciendo y mejorando como resultado del castigo. En cambio, va a haber "sangre en el piso".

La disciplina nunca es una experiencia que acogemos bien cuando se produce, aunque con frecuencia descubrimos más adelante que fue para nuestro propio bien. El escritor de Hebreos lo expresó bien: *"Es verdad que ninguna disciplina al presente parece ser causa de gozo, sino de tristeza; pero después da fruto apacible de justicia a los que en ella han sido ejercitados"* (Hebreos 12:11). Como líderes, estamos destinados a hallarnos en una posición en que debemos disciplinar a un miembro del equipo o empleado. Puede que intentemos hacerlo de un modo que resulte en que se derrame un mínimo de sangre sobre el piso. Quizás intentemos que todo quede limpio y ordenado. Sin embargo, un cohete no puede despegar de la tierra sin que haya mucho calor y un ruido muy alto. Debemos entender que aunque podamos intentar minimizar el derramamiento de sangre, algo de sangre seguirá ahí.

Desde luego, no estoy hablando de sangre literal sobre el piso; hablo sobre los dolorosos sentimientos que se avivan cuando corregimos a alguien. También estoy hablando de los sacrificios hechos en el proceso. Cuando mi padre me disciplinaba, él nunca derramaba sangre literal, pero la vergüenza que me hacía sentir por mis acciones imprudentes con frecuencia me daba la sensación de que mi sangre había sido derramada.

Necesitamos tomar a bien la posibilidad de que no caigamos bien a otras personas.

Todas las personas poseen una necesidad inherente de caer bien y de ganarse la aprobación de otros. Esta necesidad con frecuencia nos impulsa a hacer todo lo que podamos para evitar el conflicto, incluso el tipo de conflicto necesario que da como resultado crecimiento y mejora. Aunque no estoy sugiriendo que nos convirtamos en amantes del conflicto que constantemente buscan agitar las aguas, sí digo que necesitamos tomar a bien la posibilidad de que no caigamos bien a otras personas. Necesitamos ser capaces de decir: "No puedo agradar a todo el mundo, y se producirán conflictos. No importa quién soy yo o dónde vaya; a veces, va a haber sangre en el piso".

NUESTRA SALUD DETERMINA NUESTRA RESPUESTA AL CONFLICTO

Si me hago un corte en el dedo, se formará una costra y se curará. Dependiendo del tamaño y la ubicación del corte, podría dejar cicatriz, pero como estoy sano, el corte finalmente se curará. Si no estuviera sano, digamos que fuera hemofílico o tuviera una enfermedad inmune, la hemorragia sería mucho más difícil de detener. Podría tener una infección o incluso morir desangrado.

Necesitamos ver el conflicto en términos de nuestra salud general. No hay tal cosa como un buen matrimonio o un mal matrimonio, una buena iglesia o una mala iglesia, una buena compañía o una mala compañía. Matrimonios, iglesias, corporaciones... están sanas o enfermas. Esa es la mayor distinción.

Como líderes, cuando manejamos el conflicto tenemos que hacernos preguntas como las siguientes:

- "¿Es sana esta interacción?".
- "¿Es sano el modo en que ella me mira?".
- "El modo en que yo le devuelvo la mirada, ¿es eso sano?".
- ¿Son sanos estos pensamientos?".

No deberíamos apuntar a terminar en acuerdo o en desacuerdo; deberíamos apuntar a terminar en una salud excelente. Al final de cualquier diálogo difícil, deberíamos preguntar siempre: "¿Sigue siendo sana nuestra relación?", porque las relaciones sanas permiten transparencia y comunicación abierta. Cuanto más sana sea la relación, mayor será el grado de transparencia. Pero la transparencia puede ser difícil porque ambas partes aportan su propio bagaje a la relación. Esa es la razón por la cual debemos evaluar continuamente nuestra propia salud. Antes de una conversación difícil, deberíamos preguntarnos: "¿Cuán sano estoy?". No podemos ayudar a otros con su bagaje hasta que hayamos retirado el nuestro.

Diferentes estudios dicen cosas distintas, pero aproximadamente el 50 por ciento de los primeros matrimonios terminan en divorcio; y el índice de divorcio en segundos matrimonios está en el sesenta y pico. La razón de esto es que cuando una persona demente entra en un matrimonio, algo está abocado a ir mal. En cualquier matrimonio posterior al divorcio, en lugar de un matrimonio mejor, simplemente se añade una maleta extra al bagaje que ambos cónyuges ya estaban cargando.

Todos nosotros tenemos días dementes en que cualquier minucia nos molesta. Personalmente, en mis días dementes, pospongo tratar cualquier asunto importante hasta que mi salud haya mejorado. Si está sucediendo algo insensato en mi matrimonio, y tengo una cita de consejería programada con una mujer joven, pospongo la cita hasta que haya solucionado las cosas con mi esposa. De igual manera, si mis finanzas no están sanas, me refreno de ir de compras hasta que la salud de mi chequera haya sido recuperada.

Estamos en una mejor posición para resistir la tentación cuando estamos sanos, razón por la cual seremos sabios en reorganizar nuestro horario en nuestros días dementes: posponer tomar decisiones y hacer cosas que nuestra mala salud podría desordenar y confundir. Cuando estamos sanos, podemos domar nuestra lengua, resistir la tentación y limitar nuestro gasto; pero cuando no estamos sanos, tenemos que hacer ajustes. Hacer evaluaciones sinceras de nuestra propia salud, y después actuar apropiadamente es la clave para ser capaces de manejar bien el conflicto.

Cuando estamos sanos, podemos domar nuestra lengua, resistir la tentación y limitar nuestro gasto.

¿Recuerdas a Tim? Era el gerente de departamento al que tuviste que disciplinar por acoso sexual en una situación hipotética que yo creé en el capítulo anterior. Bien, regresemos al escenario y digamos que él dejó tu empresa para ir a trabajar en la empresa del Sr. Smith.

Pero lo mismo que sucedió en tu empresa va a suceder en la empresa del Sr. Smith. ¿Por qué? Porque Tim sigue siendo demente. ¿Cómo lo sabemos? Porque Tim nunca se arrepintió o expresó remordimiento por sus acciones. Nunca reconoció su mala conducta ni invitó la corrección.

Muchos de nosotros hacemos lo que hizo el Sr. Smith: contratamos a personas dementes y entonces, en lugar de ayudarlas a sanar, les permitimos que desaten sus contagios sobre el resto de nuestro equipo de trabajo. Tim dejó a su exjefe bajo un espíritu de conflicto, y llevará ese mismo espíritu de conflicto a su nuevo ambiente de trabajo. No podemos simplemente ofrecerle un despacho y decirle que se ponga a trabajar; antes necesitamos asegurarnos de que está sano. Y para hacer eso, primero tenemos que estar sanos nosotros mismos.

Repito que el conflicto nunca debería considerarse en el contexto de bien o mal, acuerdo o desacuerdo. El conflicto debería verse siempre como una medida de salud. Las personas y los negocios sanos no tienen temor a enfrentarse al conflicto de cabeza, y buscan maneras de crecer como resultado.

Las personas inseguras no son sanas

Solamente porque alguien esté en desacuerdo conmigo no significa que esté contra mí. Pregúntale a mi esposa, Brenda. Ella está en desacuerdo conmigo todo el tiempo; sin embargo, no está "contra" mí. Tener esto en mente preserva nuestra salud y nos permite afrontar el conflicto de maneras constructivas. Se produce una mala salud cuando permitimos que se cuelen las inseguridades. Consideremos 1 Corintios 12:18: *"Mas ahora Dios ha colocado los miembros cada uno de ellos en el cuerpo, como él quiso"*. ¿Qué dice este versículo que hizo Dios? Él ha colocado a los miembros como quiso. La colocación es crítica. Una vez que estamos seguros en nuestra ubicación, podemos ser sanos. Cuando las personas están inseguras e infelices con el lugar donde están es cuando están molestas y experimentan una mala salud.

Se produce una mala salud cuando permitimos que se cuelen las inseguridades.

Para nuestro décimo quinto aniversario de bodas, Brenda me regaló un anillo de oro que tenía incrustados cinco diamantes. Fue un gesto romántico que llegó con una póliza de seguro no tan romántica. Para mantener actualizada esa póliza, tengo que llevar el anillo a la joyería cada seis meses para que lo inspeccionen. El joyero comprueba su estado y entonces firma una tarjeta de garantía. En caso de que se cayera un diamante, puedo presentar la garantía y que lo sustituyan sin costo alguno.

Cuando el joyero inspecciona el anillo, raras veces comprueba la alianza de metal precioso; rápidamente cuenta los cinco diamantes y entonces, con intenso detalle, examina meticulosamente la colocación. Si lo que les rodea tuviera algún fallo, los diamantes pueden aflojarse y perderse; pero si lo que rodea su colocación está intacto, el anillo retendrá los diamantes, y su valor. Así, la integridad de la colocación es crítica.

Pensemos de nuevo en lo que el apóstol Pablo dijo en 1 Corintios 12:18: Dios ha colocado a cada miembro como Él quiso. No se trata de la ubicación donde nosotros queramos estar; Él nos ha colocado en el lugar donde *Él* quiso. En los libros de Romanos y Efesios, Pablo habla sobre que todos somos miembros, o partes, del Cuerpo de Cristo. El lugar donde las partes se unen en un cuerpo se llama "articulación". La articulación es la ubicación. Necesitamos tener articulaciones sanas en la ubicación donde Dios nos ha colocado.

Resolver el conflicto

Yo hablo en ambientes muy diferentes, y con frecuencia llevo puesto un micrófono para que todos puedan oírme. Para que el micrófono funcione adecuadamente, dependo de la persona que maneja el sistema de sonido.

Una vez, mientras estaba enseñando en una conferencia muy grande, el sistema de altavoces comenzó a pitar y sisear cada vez que yo hablaba. También había un eco. No sé si algo estaba causando la interferencia, pero sabía que tenía un problema.

Por lo tanto, en el siguiente receso fui a hablar con Larry, el hombre que estaba manejando la mesa de sonido. Ahora bien, yo sabía que hay dos maneras en que podía manejar la conversación. Podía discutir el *qué*: la reverberación y los otros ruidos. O podía discutir el *quién*: en este caso, Larry. Cuando caminaba hacia la cabina de sonido, pensé en el *quién*. ¿Por qué este hombre no puede solucionarlo? Si es un profesional, ¿no debería saber lo que hace? ¿Por qué me asignaron al peor técnico de sonido en toda la conferencia?

Pero sabía que cuando hablara con Larry, necesitaría enfocarme en el *qué*. Sabía que mientras pudiera mantener la conversación en el *qué*, en este caso el problema de sonido, obtendría la resolución que quería. Pero si pasaba del *qué* al *quién* (Larry), solamente aumentaría el problema. Si resultaba ser un problema continuado de incompetencia por parte de Larry, entonces alguien, algún día, tendría que encarar el *quién*. Pero esa conferencia en particular no era el momento de hacerlo, y tampoco yo era la persona para hacerlo. Mi meta era únicamente conseguir que el sistema de sonido funcionara adecuadamente durante el resto del evento.

Cuando llegué a la cabina de sonido, estaba listo para hablar sobre el *qué*. "Larry, ¿qué está causando ese siseo y pitidos?", le pregunté. "¿Cómo podemos arreglarlo?".

Sabía que mientras Larry también se mantuviera enfocado en el *qué*, podríamos resolver el problema. Si su respuesta era algo parecido a: "Hay acople en los altavoces; mientras usted se mantenga por detrás, no habrá problema", habríamos encarado el *qué*. Pero si Larry dijera: "¿De qué me está acusando? No es culpa mía; es culpa de usted. No escuchó cuando le dije que no caminara delante de los altavoces. ¿Es usted estúpido, o está sordo?", entonces su respuesta se habría enfocado en el *quién*, en este caso yo, en lugar de en el *qué*; y probablemente nunca habríamos resuelto el problema.

Cada vez que alguien pasa del *qué* al *quién*, se vuelve un asunto personal. Las personas se ponen a la defensiva, y el problema aumenta en lugar de resolverse. En toda situación de conflicto potencial, primero necesitamos tratar el *qué* antes de abordar el *quién*.

En toda situación de conflicto potencial, primero necesitamos tratar el *qué* ***antes de abordar el*** *quién.*

Permíteme compartir otra ilustración. En iglesias pequeñas, siempre parece que hay una persona que tiene el "don" de ajustar el termostato, y a él o ella le gusta ejercitar ese don durante la mitad del servicio cada domingo. Ese era el caso en una iglesia que yo lideraba. Había un caballero mayor que sentía que su llamado era ajustar el termostato. Yo estaba predicando en la plataforma en el frente, y él se levantaba, iba hasta la pared trasera, se ponía sus lentes, estudiaba el termostato por un minuto, y entonces movía el botón de un lado a otro. Durante cada servicio movía ese termostato mientras yo intentaba predicar. Se sentaba, entonces se levantaba unos minutos después y comenzaba a moverlo otra vez. Eso lo hacía muchas veces cada domingo.

Me di cuenta de que no tenía sentido querer encarar el *quién*, así que decidí ocuparme del *qué*. Contraté a un electricista y le hice cambiar el termostato a una pared detrás de la plataforma, pero dejé los viejos controles en su lugar. Por lo tanto, cada domingo el mismo hermano seguía levantándose y moviendo los controles, pero no cambiaba la temperatura en absoluto. Mientras yo predicaba, podía verlo moviendo los controles placebo, y era difícil no reírme en voz alta. Por doscientos dólares me ocupé del *qué* y nunca tuve que encarar el *quién*.

Siempre deberíamos comenzar tratando la situación, y después encarar a la persona responsable solamente si es necesario. Esto es lo opuesto de lo que recomendé al hablar del reto del enfoque. En el enfoque, comenzamos con el *quién* y después pasamos al *qué*. Quién es importante para el enfoque, pero cuando se trata de conflicto, necesitamos mantenernos alejados del *quién*.

Encarar a los "portadores de conflicto"

A veces, el *quién* es el problema. Si María tiene un problema con Allen, y María tiene un problema con Susan, y María tiene un problema con Dewayne, entonces el problema no es Allen, Susan o Dewayne. El problema es María: el denominador común en cada uno de esos escenarios. John Maxwell llama a personas como María "portadores de conflicto".

No importa dónde vayan, los portadores de conflicto siempre están creando problemas. Si María es una empleada que por rutina altera a toda la plantilla de personal, yo debería encararla en privado para hablar de su conducta, para explicarle lo que espero de ella, y para decirle que si no puede arreglárselas para estar a la altura de esas expectativas, tendré que despedirla. Pero necesito darle una oportunidad de corregir su conducta que altera. Siempre deberíamos ofrecer un camino redentor antes de tomar medidas para disciplinar, degradar o despedir.

Sin embargo, necesitamos estar en guardia. Los portadores de conflicto como María con frecuencia desviarán una conversación sacando a la luz problemas concretos cuando nosotros intentamos hablar sobre patrones generales de conducta. Por ejemplo, si yo comienzo la conversación diciendo: "Ayer en la oficina...", María puede que inmediatamente se ponga a la defensiva y comience a darme razones por las cuales actuó del modo en que lo hizo el día anterior. Si yo digo: "Hubo un problema entre Allen y usted", ella cambiará el tema de ella misma a Allen.

Debo tener especial cuidado con mi tono de voz y con mi comunicación no verbal: expresiones faciales y especialmente lo que hago con los ojos. La conversación debería tener lugar en un ámbito informal, porque las situaciones formales tienden a detonar el radar de los portadores de conflicto. A muchos de tales individuos les cuesta dirigirse a figuras de autoridad, así que nunca mantendré esa conversación mientras estoy de pie detrás del escritorio en mi despacho. Todas esas conversaciones deberían ser de bajo perfil, informales, amigables y cálidas. Deberíamos dejar a un lado cualquier agenda excepto la de entender de dónde proviene la otra persona.

Las situaciones formales tienden a detonar el radar de los portadores de conflicto.

Yo siempre empiezo tales conversaciones diciendo: "He observado un patrón", y entonces paso a describir ese patrón. También tapo los huecos que la otra persona intenta utilizar para escaparse diciendo, por ejemplo: "Escuche, María. No quiero hablar de nada concreto; eso no va a ayudarnos en este momento. Pero usted puede ayudarme a entender qué podría estar sucediendo". Entonces, pacientemente espero para ver a dónde llevará ella la conversación. Cuando ella pasa a los detalles, yo amablemente vuelvo a dirigirla a una conversación del patrón general que he observado.

Nunca deberíamos decir a un portador de conflicto: "Personas me han dicho...". Admitir que estamos actuando por lo que otros dicen solamente causará que la persona se ponga a la defensiva y comience a discutir. Aprópiate y di: "He observado...", y entonces pide a la persona que te ayude a darle sentido a lo que has observado.

Ella intentará distraerte con otros detalles y asuntos no relacionados, pero no te dirijas ahí. Permanece enfocado y mantén la conversación en el camino. Dile: "Tan solo ayúdeme a entender; hay un patrón aquí". Ella se sentirá cómoda al hablar de detalles concretos porque tiene la información; le resulta más difícil defender patrones generales.

Si yo conduzco esa conversación exitosamente, crearé una oportunidad para llegar a María y, con suerte, para iniciar un cambio positivo. Pero si cometo el error de enfocarme en un detalle concreto, la discusión habrá terminado antes de comenzar. Debo ser asertivo al establecer los parámetros de la conversación desde el principio.

Cuando mi amiga Jennifer me oyó hablar sobre este tema, se dio cuenta de que ella usaba frecuentemente las tácticas de un portador de conflicto cuando se comunicaba con su esposo. Al tener un trasfondo en ventas, Jennifer tiene estupendas habilidades verbales. Su esposo, David, que es contable, se siente más cómodo con los números. En el pasado, cuando David intentaba hablar a Jennifer sobre algún problema, ella siempre demandaba que le diera una ocasión específica de aquello a lo que se refería. Él lo hacía, si se acordaba de alguna; pero Jennifer en seguida le interrumpía, diciendo: "Eso no cuenta, y esta es la razón...". Entonces trazaba círculos adicionales alrededor de él, demandando más ejemplos solamente para descartar la validez de cada uno hasta que David se quedaba sin ejemplos. Ya que Jennifer siempre se las arreglaba para defenderse de las ocasiones concretas que citaba su esposo, no veía el patrón que él intentaba comunicar. Finalmente, un David desmoralizado, confuso y desesperanzado terminaba la conversación, con Jennifer preguntándose qué problema tenía él.

Jennifer finalmente reconoció que ella estaba siendo una portadora de conflicto en su matrimonio. Esa comprensión la llevó a dar un paso atrás, y reexaminar su papel en las conversaciones con su esposo. Actualmente, ella está abierta a evitar los detalles y aprender de los patrones.

Algunos individuos carecen de la madurez para reconocer las tendencias de un portador de conflicto en sí mismos, pero creo que deberíamos tratar de ser lo más sinceros posible acerca de nosotros mismos. Queremos recorrer la milla extra, y podemos hacer eso solamente si estamos sanos; y nuestra salud viene de estar seguros en nuestro ámbito, incluso si es una isla remota con tres cabañas.

PUNTOS DE ENSEÑANZA

1. La ausencia de conflicto no indica necesariamente que se esté haciendo progreso.
2. No hay tal cosa como una zona libre de conflicto.
3. El conflicto no es ni bueno ni malo; simplemente es.
4. El conflicto nos ofrece la oportunidad de:

- Explorar un problema totalmente.
- Considerar profundamente una decisión para asegurar que tenemos toda la información necesaria.
- Cimentar el compromiso con la decisión final.

5. El problema de manejar mal el conflicto es que...
    - Puede hacernos renuentes a liderar.
    - Nos ofrece la opción de alejarnos de un problema en lugar de abordarlo.
    - Puede limitar nuestra influencia.
    - Hace difícil que hagamos bien nuestras tareas.
    - Se difunde para iniciar conflicto en otras áreas.
    - Amenaza con minar nuestra búsqueda de nuestro llamado en un esfuerzo por mantener la paz.
6. Nunca seremos capaces de agradar a todo el mundo.
7. Habrá sangre en el piso; nuestra tarea no es detenerla, eso es imposible, sino minimizar la cantidad.
8. Nuestra salud como líderes determina nuestra respuesta al conflicto.
9. Nuestra meta al abordar el conflicto no es terminar en acuerdo o desacuerdo. Nuestra meta es la salud continuada de la relación.
10. Necesitamos evaluar sinceramente nuestra propia salud y evitar cualquier fuente potencial de conflicto cuando no estamos sanos.
11. Podemos ayudar a otros a estar sanos solamente cuando nosotros mismos estamos sanos.
12. Las personas y organizaciones sanas pueden solucionar el conflicto y crecer por él.

13. Dios nos ha puesto en la ubicación que Él quiere. Necesitamos estar seguros ahí.
14. Las personas están molestas cuando no han sido ubicadas.
15. Al intentar resolver un conflicto, concéntrate en el *qué,* no en el *quién.* Pasar del *qué* al *quién* solamente aumenta el problema.
16. A veces, el *quién* es el problema. En tales casos, el *quién* es lo que John Maxwell denomina un "portador de conflicto".
17. Prueba siempre el paso redentor primero.
18. Al intentar hablar a un portador de conflicto, permanece enfocado en el patrón general que has observado. No permitas que el portador de conflicto desvíe la conversación al hablar de detalles.
19. Al tratar con portadores de conflicto:
    - Ten cuidado con tu tono de voz y expresiones faciales.
    - Mantén la situación en bajo perfil e informal.
    - Resta importancia a tu autoridad.

CAPÍTULO 9

CONGRUENCIA ORGANIZACIONAL

"Toda empresa tiene dos estructuras organizacionales: la formal está escrita en las gráficas; la otra es la relación de cada día de los hombres y las mujeres en la organización."

—**Harold S. Geneen**
expresidente, ITT

Cuando el pastor Frye aceptó el trabajo en la iglesia *First Church* hace dos años, se sentía energizado por las posibilidades. Siempre había querido ministrar en el centro de una ciudad. Y el nuevo edificio multiusos de la iglesia sería la perfecta combinación de complejo deportivo y centro juvenil, atrayendo a los miembros de la comunidad las 24 horas del día, todos los días de la semana. El programa comenzó con poco, pero el pastor Frye tenía una visión grande.

Tras algunos meses, los ancianos de la iglesia se acercaron al pastor Frye con la idea de abrir una escuela cristiana en el edificio. Aunque no era exactamente lo que el pastor había planeado, seguía siendo un ministerio para la comunidad, y aún así sería posible utilizar el mismo espacio para la recreación en las tardes y los fines de semana. "Estas son buenas personas, y están haciendo cosas buenas", se decía para sí. "No hay de malo en lo que están pidiendo." Así que él aprobó la propuesta.

La *First Christian School* abrió aquel otoño. Los salones de clase estaban separados por paredes temporales que podían moverse para acomodar otras actividades en el mismo espacio. Pero cuando los maestros y los alumnos se establecieron allí, las paredes se movían cada vez con menos frecuencia. Poco después, los administradores de la escuela comenzaron a quejarse de que las paredes temporales eran demasiado delgadas y que el ruido que dejaban pasar interrumpía el proceso de aprendizaje. En la siguiente reunión de la junta, el director de la escuela propuso hacer algunas modificaciones al edificio, y la junta las aprobó. Una de tales modificaciones sería la sustitución de las paredes temporales por otras permanentes. El pastor Frye no estaba exactamente a favor de la idea, pero había tantas personas que sí la aprobaban que él siguió la corriente.

Unos meses después, cuando el pastor Frye caminaba por el pasillo principal de los salones de clase, se le ocurrió que su visión de un ministerio deportivo había sido sustituida por una escuela cristiana privada. No sentía que fuera el mejor uso de sus habilidades, y sin duda no era la visión que Dios le había dado para la iglesia. Pero ¿qué debía hacer?

La organización debe ponerse en línea con la visión y los valores del líder

Más de un líder se ha encontrado en circunstancias parecidas a las del pastor Frye. Él se incorporó a una iglesia o una corporación con una visión específica que, con el tiempo, cambió hacia otra cosa totalmente distinta. Al principio, el líder puede seguir adelante con la visión modificada porque piensa que no supone un gran problema. Mientras Dios esté siendo glorificado, todo va bien, ¿no? Finalmente, sin embargo, amanece un día en que este líder se despierta y se da cuenta de que la visión de la organización es vastamente distinta a la suya propia. En esta situación, el líder puede sencillamente decidir ajustar su visión e intentar seguir la dirección establecida por la organización.

Esta técnica puede funcionar, pero solamente durante un tiempo. Poco después, el líder descubrirá que no puede unirse a un desfile que ha comenzado sin él. Incluso si llega a la primera fila a tiempo, ¿cómo puede liderar cuando no sabe hacia dónde se dirige el grupo? Tal líder ha subordinado su visión dada por Dios a un grupo de personas que van de viaje a otro lugar. Podría ser que la visión de ellos sea tan digna como la del líder, pero el punto es que no es la de él. No es lo que Dios le dio a él para que hiciera.

Los miembros de una organización deben estar en línea con la visión y los valores fundamentales del líder. Si no lo están, entonces ¿cómo se supone que va a liderarlos? Un principal oficial ejecutivo con principios no puede liderar a un subordinado que no cree en las normas. Un pastor no puede enfocarse si su congregación no apoya la visión en la cual él está enfocado. La congruencia organizacional es esencial en cualquier organización que apunte a operar eficazmente.

Los miembros de una organización deben estar en línea con la visión y los valores fundamentales del líder.

¿QUÉ ES LA CONGRUENCIA ORGANIZACIONAL?

La congruencia organizacional ocurre cuando la visión y los valores de un líder están en línea con las metas de la organización en general. Digamos que una iglesia identifica las misiones como uno de sus valores fundamentales. Algunas señales de congruencia organizacional serían que el presupuesto refleje que un gran porcentaje de los ingresos de la iglesia va hacia proyectos misioneros, el departamento de misiones tenga más miembros en su plantilla de personal que ningún otro departamento, y el calendario revele que gran parte del programa en la iglesia sea para actividades relacionadas con las misiones. En esos términos, si los directores del ministerio de niños y el departamento de misiones quisieran reunirse con el pastor, y él tuviera tiempo solamente para una reunión, escogería reunirse con el director del departamento de misiones. Todas esas señales apuntarían a congruencia organizacional.

La congruencia organizacional comienza con nuestro enfoque; fluye de nuestra visión, misión y valores fundamentales; y se extiende por cada área de nuestra organización. Si no lo hace, no tenemos congruencia organizacional.

Promover la congruencia mediante la planificación estratégica

El pastor Jones quiere hacer crecer el ministerio de niños en su iglesia. Este deseo está en línea con la visión de la iglesia, cuyo lema es "Llevando a las familias de regreso a la iglesia". Ahora bien, el pastor podría programar una reunión de personal en la cual diga: "Tengo una visión para hacer crecer nuestro ministerio de niños". Pero como dijimos anteriormente, tal declaración es demasiado abstracta para fomentar cualquier tipo de acción. En cambio, necesita poner algo concreto detrás de sus palabras. Una manera de hacer eso es mediante la planificación estratégica.

Para ejecutar un plan estratégico, el pastor Jones convocaría a su equipo y diría: "Hay muchos niños en los apartamentos y otros edificios de viviendas cercanos a la iglesia. Decidamos la mejor manera de alcanzar a esos niños".

Tras una breve discusión, digamos que la coordinadora del ministerio de niños, Annette, ofrece implementar un programa que ella utilizó en otra iglesia en una zona con demografía similar. En este punto, la reunión podría concluir, con todos deseando lo mejor a Annette. Pero este es el momento de ser estratégico respecto a implementar el plan propuesto. Durante la reunión, los implicados deberían tomar tiempo para dialogar y después poner por escrito los detalles de quién, qué, por qué, dónde, cuándo y cómo; y deberían mantener la lista para futura referencia.

Para facilitar tus propias reuniones de planificación estratégica, he creado una Hoja de trabajo de Planificación Estratégica que puedes fotocopiar y usar como guía. Completar esta hoja de trabajo durante la reunión ayudará a llenar los detalles de perseguir la visión.

Hoja de Trabajo de Planificación Estratégica

1. ¿Cuál es nuestra visión?

____

____

____

____

2. ¿Por qué estamos haciendo esto? (¿Cómo se relaciona esta visión con nuestros valores fundamentales?)

____

____

____

3. ¿Cuáles son los pasos necesarios implicados en este plan? ¿Quién será responsable de cada paso?

a. ____

____

b. ____

____

c. ____

____

d. ____

____

e. ____

____

4. ¿Cuándo se hará esto? (¿Cuáles son las fechas asignadas para las tareas concretas?)

____

____

____

____

5. ¿Cuánto costará esto? ¿Tenemos la capacidad (personas, instalaciones, recursos, finanzas, etc.) para emprender esto en este momento?

____

____

____

____

6. ¿A quién rendimos cuentas de esto?

____

____

____

____

7. ¿Cómo mediremos nuestro éxito?

____

____

____

____

A continuación tenemos cómo podría verse la hoja de trabajo después de la reunión convocada por el pastor Jones.

HOJA DE TRABAJO DE PLANIFICACIÓN ESTRATÉGICA

1. ¿Cuál es nuestra visión?

Extender el ministerio de niños de nuestra iglesia.

2. ¿Por qué estamos haciendo esto? (¿Cómo se relaciona esta visión con nuestros valores fundamentales?)

Porque más del setenta por ciento de las familias locales tienen hijos; y si podemos alcanzar a los niños, podemos alcanzar al resto de sus familias.

3. ¿Cuáles son los pasos necesarios implicados en este plan? ¿Quién será responsable de cada paso?

Annette, nuestra coordinadora del ministerio de niños, será responsable de estar al frente del proyecto. Usará un programa que ella misma implementó con éxito en la iglesia donde trabajó anteriormente.

4. ¿Cuándo se hará todo esto? (¿Cuáles son las fechas asignadas para las tareas concretas?)

En tres semanas.

5. ¿Cuánto costará esto? ¿Tenemos la capacidad (personas, instalaciones, recursos, finanzas, etc.) para emprender esto en este momento?

Sí, tenemos la capacidad, aunque los costos variarán.

6. ¿A quién rendimos cuentas por esto?

Annette rendirá cuentas al pastor Jones.

7. ¿Cómo mediremos nuestro éxito?

Evaluaremos su progreso trimestralmente. Lo basaremos en el crecimiento en el número de niños que participen en la escuela dominical y la escuela bíblica de vacaciones, y asistan a nuestros nuevos eventos especiales. También planearemos tener una evaluación anual, y asignaremos metas separadas para esa evaluación.

Cuando el personal esté familiarizado con el proceso de la planificación estratégica, las preguntas y respuestas llegarán de distintas partes de la sala hasta que se hayan acordado los términos de un plan concreto. Esa es la belleza de enseñar planificación estratégica al personal; pronto ellos lo estarán haciendo sin ni siquiera darse cuenta.

Cuando una visión se materializa, las transiciones son más suaves, se reduce el conflicto, y aumenta la congruencia organizacional.

Recuerda que esta hoja de trabajo no es para ayudar a tu equipo a tomar una decisión. Es para ayudarte a asegurar que las decisiones que ya has tomado serán implementadas de modo estratégico. Tomar tiempo para poner carne en los huesos de una idea ayudará a asegurar que realmente dará fruto. Y cuando una visión se materializa, las transiciones son más suaves, se reduce el conflicto, y aumenta la congruencia organizacional.

Esta hoja de trabajo también está pensada para asegurar que haya congruencia entre las personas y la estructura de una organización. No solo tenemos que asegurarnos de que la organización esté en línea con nuestra visión; también necesitamos asegurarnos de que ponemos en consonancia a las personas dentro de la estructura organizacional, de tal modo que les permita producir resultados medibles.

Las personas deben tener prioridad sobre la estructura

En una organización, cuando las cosas no están funcionando, los líderes con frecuencia prefieren cambiar la estructura formal de la organización porque es el área más fácil de abordar. Mover cajas de un lado a otro en una gráfica organizacional, reasignando quién rinde cuentas a quién, y dando nuevos títulos, estos tipos de cambios no requieren mucha capacidad gerencial. Cada uno es un proceso limpio, lógico y ordenado.

En la mayoría de las organizaciones, reorganizar la estructura no hará que las personas rindan mejor o trabajen más duro. Es como el hombre que necesita limpiar su garaje, pero decide organizar el armario de su dormitorio. Puede que sea más fácil, pero no dará como resultado un garaje más limpio.

Cambiar la estructura formal de una organización no cambiará la motivación del individuo, su conducta o su mentalidad establecida. Podemos hacer que Cindy se reporte ante Beth en lugar de ante Bob; pero si a Cindy no le cae bien Beth, seguirá buscando guía de su supervisor anterior. Podría tener sentido poner a Mark a cargo de la organización de voluntarios porque él sabe cómo funciona el programa de horarios. Pero si Mark prefiere las computadoras antes que las personas y es incapaz de reclutar la ayuda que se necesita, puede que no haya voluntarios suficientes para cubrir los diversos proyectos que es necesario realizar. Lo importante no es la tarea y los detalles formales; son las personas que hacen el trabajo.

Lo importante no es la tarea y los detalles formales; son las personas que hacen el trabajo.

Para cambiar realmente cosas en una organización, deben hacerse ajustes en las conexiones informales, no en la estructura formal. Estos procesos y conductas informales pueden ser problemáticos, pero cuando su gerencia se maneja adecuadamente, los resultados valen la pena el esfuerzo.

Larry Bossidy ha dicho: "Personas me han dicho que empleo demasiado tiempo en las personas, pero yo sé que si consigo a las mejores personas, voy a llevarme el premio. En esta época, las organizaciones que no tienen a las mejores personas no ganan". Las personas deben tener prioridad sobre la estructura.

El pastor Frye necesita entender que no se trata de una escuela cristiana o un programa comunitario recreativo. Tampoco se trata de mantener a la gente en fila. Más bien se trata de mantener consonancia entre personas, visión y estructura. Congruencia es conseguir que todas las partes operen como un cuerpo, para bien.

Puntos de enseñanza

1. Una organización debe estar en línea con la visión y los valores del líder.
2. Cuando la organización que lideran no está en línea con su visión, muchos líderes dicen: "Yo puedo ajustarme". Pero sus intentos al final fracasan, porque un líder no puede unirse a un desfile que comenzó sin él. Incluso si consigue llegar a la primera fila a tiempo, ¿cómo puede liderar cuando no sabe hacia dónde se dirigen las personas?
3. El líder ha subordinado su visión dada por Dios a un grupo de personas que van de viaje a otra parte.
4. La congruencia organizacional se logra cuando el grupo se sitúa en línea con la visión y los valores fundamentales del líder.
5. Se puede promover congruencia organizacional mediante el uso de la planificación estratégica.

6. La planificación estratégica implica respuestas detalladas al siguiente tipo de preguntas:
    - ¿Cuál es nuestra visión?
    - ¿Por qué estamos haciendo esto? (¿Cómo se relaciona esta visión con nuestros valores fundamentales?)
    - ¿Cuáles son los pasos necesarios implicados en este plan? ¿Quién será responsable de cada paso?
    - ¿Cuándo se terminará todo esto? (¿Cuáles son las fechas designadas para las tareas concretas?)
    - ¿Cuánto costará esto? ¿Tenemos la capacidad (personas, instalaciones, recursos, finanzas, etc.) para emprender esto en este momento?
    - ¿A quién rendimos cuentas de esto?
    - ¿Cómo mediremos nuestro éxito?

Esquema de planificación estratégica

QUÉ	POR QUÉ	CÓMO	CUÁNDO	CUÁNTO	CUENTAS A	PROCESO DE EVALUACIÓN

7. Las personas deben tener prioridad sobre la estructura. Los líderes con frecuencia prefieren cambiar la estructura formal porque es más fácil que cambiar a las personas. Pero reorganizar la estructura no pondrá en consonancia a las personas. Para iniciar un cambio eficaz dentro de una organización, altera las conexiones informales, no la estructura formal.

Capítulo 10

ADMINISTRACIÓN FINANCIERA

"¿Cómo debe un pastor, formado en teología, administrar un negocio?"

—Sam Chand

Cuando me convertí en presidente de *Beulah Heights University,* ni siquiera sabía lo que era una auditoría. Nunca antes había visto una. No entendía la diferencia entre "fondos restringidos" y "fondos no restringidos". No tenía idea de lo que se quería decir con el término "depreciación", y las diversas categorías de cifras no tenían ningún sentido en absoluto para mí. La primera vez que me presentaron una auditoría, era una página tras otra de nada más que números. Al final de la página, en letra pequeña, había muchos descargos de responsabilidad escritos en cierto tipo de jerga de contabilidad.

La mayoría de los líderes eclesiásticos no están preparados para manejar asuntos financieros

La mayoría de las iglesias u otras organizaciones sin fines de lucro tienen mucho qué aprender sobre contratar, despedir, y otros asuntos de personal; administración monetaria; seguros; y responsabilidades legales. Sin embargo, esos mismos individuos están sirviendo como el principal oficial ejecutivo de corporaciones multimillonarias con holdings de importantes propiedades, que contratan a muchos empleados a tiempo parcial y completo. Pese a una generalizada carencia de formación en estas áreas, se requiere a esos líderes que se conformen a las leyes y regulaciones que los gobiernan, incluidas las de las agencias *Occupational Safety and Health Administration* (OSHA), *Generally Accepted Accounting Principles* (GAAP), *Federal Deposit Insurance Corporation* (FDIC), e *Internal Revenue Services* (IRS). También deben cumplir con las prescripciones de inspectores de sanidad, prestamistas, ordenanzas locales, y regulaciones de zonificación.

Tales líderes con frecuencia se sienten abrumados; y debería ser así, si no obtuvieran la formación que necesitan para tener éxito en su trabajo. Hasta hace poco tiempo, los seminarios no ofrecían cursos de administración de negocios. A la luz de recientes escándalos de contabilidad en empresas, incluso los negocios ahora se enfrentan a un mayor escrutinio financiero y legal que nunca antes.

Las iglesias siempre han estado bajo escrutinio. Los miembros quieren estar al tanto de cuánto dinero está entrando y cuánto se gasta, y con todo el derecho. El Servicio de Rentas Internas (IRS) observa para asegurarse de que las iglesias cumplan los requisitos de su estatus de organizaciones sin fines de lucro. Debido a las actividades delictivas negligentes e incluso rotundas de algunos ministerios radiales y televisivos, las iglesias que tienen un ministerio en medios de comunicación se sienten especialmente nerviosas. Los reporteros de noticias queriendo aumentar las audiencias de su cadena utilizan cámaras ocultas para sacar a la luz a líderes religiosos hipócritas que estafan dinero a los fieles. Toda esta atención causa a los líderes honestos ansiedad adicional, mientras buscan hacer lo correcto. Aunque la vigilancia de ciertas organizaciones es necesaria e incluso buena, el factor de intimidación a veces evita que personas honestas y con buenas intenciones hagan lo que fueron llamadas a hacer. ¿Cómo debe un pastor, formado en teología, administrar un negocio?

Los líderes que carecen del peritaje en tales áreas necesitan primero darse cuenta de su carencia, y deben saber que no pueden remediarla con la suficiente rapidez. Los pastores están teológicamente preparados para servir a su gente, pero no tienen concepto alguno de cómo dirigir las masivas cantidades de asuntos financieros y legales que son críticos para dirigir un negocio. Tampoco tienen el tiempo para la formación práctica, ni la flexibilidad para los costosos errores que están propensos a cometer. Si hubiera un plan financiero de doce pasos para pastores, el primer paso sería admitir que ellos no lo saben todo, y que eso está bien. No hay espacio en el clima empresarial actual para "fingirlo hasta lograrlo".

Pide ayuda cuando sea necesario

Cuando me fueron presentados por primera vez los reportes financieros generados por el auditor durante mi período como presidente de *Beulah Heights University*, yo no sabía cómo descifrar la información, así que hice lo único que podía hacer: pedí ayuda. Creé un equipo consultor presidencial que se reunía una vez al mes para hablar de las finanzas de la universidad. En el equipo había nueve personas con diferentes trasfondos. Algunos de ellos tenían experiencia en finanzas o contabilidad, mientras otros eran personas no financieras que utilizaban los datos para tomar decisiones. Los miembros de este equipo se reunían, estudiaban la información, dialogaban al respecto, y entonces hacían recomendaciones basándose en su educación, experiencia y perspectiva. Sus comentarios me permitían tomar buenas decisiones basadas en un análisis de información que yo nunca había sido formado para entender.

Lo primero que aprendí fue que la cifra más importante podía encontrarse en la página tres. (Para otras organizaciones, esa cifra puede estar en una página diferente, así que no tomes mi consejo demasiado literalmente). Cuando encontraba esa cifra, comprobaba para ver si estaba entre paréntesis. Si así era, entonces era un número negativo; eso era malo. Si no había paréntesis, era un número positivo; eso era bueno. Pronto, llegué a ser un "experto" financiero, y podía hojear el reporte financiero y buscar los paréntesis. Obviamente, eso seguía sin darme información suficiente para tomar decisiones informadas.

Aprendí rápidamente que necesitaba depender de mi equipo. Tenía que ser lo bastante sano para admitir cuando no entendía algo, y lo bastante humilde para pedir a otra persona que me lo explicara.

Descubrí la importancia de reunir a diferentes tipos de personas con diferentes trasfondos debido a la sinergia resultante. Por ejemplo, incluso si los miembros del personal de una iglesia no asisten rutinariamente a las reuniones de la junta, tendría sentido que el contable se reuniera con el comité financiero para poder responder a sus preguntas y caminar en armonía. De igual modo, cuando un gerente de inversión sugiere un nuevo plan para la iglesia, no debería reunirse exclusivamente con el pastor, sino más bien con todos los implicados en las finanzas de la iglesia.

La Biblia confirma que hallamos seguridad en el consejo recopilado de multitud de consejeros. Proverbios 15:22 (NVI) dice: "*Cuando falta el consejo, fracasan los planes; cuando abunda el consejo, prosperan*". Esto es especialmente cierto en el caso del consejo financiero. Un consejero de confianza e informado no es suficiente. Deberíamos buscar consejo financiero de varias personas calificadas con diferentes trasfondos y personalidades para asegurarnos de obtener una retroalimentación imparcial.

Es importante que seamos extremadamente selectivos al escoger a los jugadores clave cuya ayuda y experiencia reclutamos.

Como líderes, siempre estamos involucrados en tomar las grandes decisiones, pero el papel que desempeñamos puede cambiar cuando se trata de finanzas, asuntos legales u otra área especializada. Por ejemplo, cuando una iglesia hace una transacción importante en bienes raíces, el pastor principal es parte del proceso, pero más como visionario que como jugador clave. Los jugadores clave son los que llenan los documentos y comprueban los cálculos que aparecen en los formularios. Por eso es importante que seamos extremadamente selectivos al escoger a los jugadores clave cuya ayuda y experiencia reclutamos.

Escoge consejeros que puedan dar algo más que datos

Si nuestros consejeros reciben remuneración por sus servicios, los mismos principios que se aplican a la selección de sostenedores de escalera desde adentro de nuestra organización se aplican también a los consejeros que elegimos. Cuando la organización alcanza cierto tamaño, tener un contable en la plantilla de personal es importante. A medida que la organización crezca, puede que finalmente sea necesario contratar a un contable independiente para realizar auditorías externas, reportes financieros, y cosas similares. Deberíamos apuntar a tener un balance entre los consejeros con quienes nos sentimos lo bastante cerca para poner agarrar el teléfono y hacer una pregunta rápida, y los consejeros que están lo bastante distantes para tener una opinión independiente e imparcial.

Algunos líderes usan la excusa de que no pueden permitirse la ayuda financiera o legal que necesitan. Pero si es el liderazgo quien se ocupa en cambio de esa área, y carece de la experiencia necesaria, van a pagar por ello de un modo u otro. Gastar 50 mil dólares al año en buen consejo legal o consejo financiero no parece tanto, si consideramos que al final podría ahorrarnos tener que gastar millones de dólares en multas o, peor aún, tiempo en la cárcel.

Los buenos consejeros nos dan los siguientes cuatro puntos, en orden:

1. **Datos.** Ellos nos dicen la información que necesitamos saber.
2. **Las implicaciones de los datos.** Explican lo que significan los datos para nosotros, en el contexto adecuado.
3. **Recomendaciones basadas en las implicaciones.** Ofrecen lo que ellos creen que es el mejor consejo basándose en las implicaciones de los datos.
4. **Estrategias para implementar las recomendaciones.** Estas estrategias responden al *quién, qué, cuándo, por qué* y *cómo* de implementar cada recomendación específica.

Digamos que diriges una iglesia que recibe un promedio mensual de 100 mil dólares en diezmos y ofrendas. Este mes pasado, esa cantidad fue de 130 mil dólares. Estos son los datos que te comunicó tu contable, Dean. Si Dean es un buen consejero, también te dará las implicaciones de los datos. En este caso, Dean podría decir: "Podemos utilizar el dinero extra para ponernos al día en las facturas que debemos, para hacer crecer un programa concreto, o para invertir para un gasto posterior". También podría hablar de sus preocupaciones de que las ofrendas pudieran descender el mes siguiente debido al número de miembros que probablemente estarán fuera de vacaciones, o datos adicionales que sugieran que los miembros de la iglesia darán regularmente a este nivel en el futuro. De estas maneras, al dar Dean sentido a los datos, eso significa algo para nosotros.

Pero un buen consejero no se detendrá ahí. Dean diría entonces qué recomendación considera él la mejor, basado en la información que tiene. Por ejemplo, podría decirte: "Pastor, creo que deberíamos utilizar estos ingresos adicionales para pagar nuestra deuda. Recientemente incurrimos en facturas más altas de servicios; y con el interés de la deuda, me temo que si no reducimos nuestros gastos mensuales, sobrepasaremos nuestro presupuesto para el año". Entonces presentaría cualquier dato adicional necesario para apoyar su recomendación.

Si Dean ha hecho su trabajo, tendremos toda la información que necesitamos, al igual que el contexto necesario para entender esa información y tomar una decisión basándonos en sus recomendaciones.

En este punto, Dean podría decir: "Bien, déjeme hacer un plan basándome en su decisión y hablaremos otra vez en unos días". Debiéramos comunicar a nuestros consejeros que esperamos que ellos desarrollen un plan antes de la reunión. Si Dean tiene cuatro recomendaciones diferentes, debería llegar a la reunión preparado para presentar cuatro planes correspondientes, de modo que cuando tú digas: "Quiero seguir adelante con las recomendaciones uno y tres", él tendrá las estrategias para el uno y el tres ya bosquejadas. De ese modo, Dean puede actuar según los planes en cuanto yo llegue a una decisión. No requerirá tiempo adicional para intentar pensar qué hacer a continuación.

Digamos que, como pastor, decides dividir los 30 mil dólares extra entre dos proyectos que Dean recomienda: 20 mil hacia un nuevo parque de juegos para los niños y 10 mil hacia una organización misionera que trabaja para aliviar el hambre en el mundo. Sin un plan ya trazado, Dean tendrá que tomar tiempo para consultar a posibles constructores del parque, cuánto cobrarían por un nuevo parque de juegos, y dónde en el campus de la iglesia debiera ubicarse el nuevo parque. También tendrá que consultar diversas organizaciones misioneras que alivian el hambre en el mundo, para que puedas decidir a cuál apoyar.

Un secretario capaz puede contar dinero y saber que tu iglesia recibió 30 mil dólares más de lo normal en un mes dado; pero un sabio consejero financiero proporciona a su líder el significado poniendo los datos en contexto. Debe presentar recomendaciones específicas, de modo que juntos puedan llegar a la mejor solución y después actuar en consecuencia. Si Dean llega a la reunión con esos planes bosquejados, puedes ejecutar de inmediato la estrategia que decidas seguir.

Un sabio consejero financiero proporciona a su líder el significado poniendo los datos en contexto.

Necesitamos alentar a las personas que trabajan para nosotros a pensar en varias soluciones potenciales a cada problema, y después en estrategias para implementar cada una de esas soluciones. Demandar este tipo de información y la correspondiente planificación estratégica a los miembros de nuestro equipo y empleados es una manera de que nos desarrollemos como líderes. Es un modo práctico con el cual podemos elevar el "techo" de ellos.

Negativos financieros

No dejes la toma de decisiones a tus consejeros. Como líder, puedes apoyarte en los comentarios de tus consejeros cuando tomas una decisión, pero tú deberías ser quien tenga la última palabra. Toda la información financiera pertinente debería ser presentada y discutida por un equipo de consejeros con experiencia en el campo de las finanzas, pero nunca debes abdicar tu poder de toma de decisiones. Si no tienes la información que necesitas para elegir un curso de acción, debes pedir que tus consejeros hagan más investigación, o debes tener nuevos consejeros. En cualquier caso, la responsabilidad de tomar la decisión es solamente tuya. Hay dos cosas que un líder nunca debería delegar: formar una visión y tomar decisiones que apoyan esa visión.

> ***Hay dos cosas que un líder nunca debería delegar: formar una visión y tomar decisiones que apoyan esa visión.***

No comprometas tus normas y valores éticos. Muchos líderes comienzan como tomadores de decisiones con principios, pero en un esfuerzo por hacer que las cifras se vean más atractivas para sus accionistas, se convierten en tomadores de decisiones situacionales en lugar de por principios. No permitas que tus circunstancias tengan prioridad sobre tus principios cuando se trata de tomar decisiones financieras. Tus decisiones deberían estar siempre basadas en tus normas y valores éticos, sin considerar las consecuencias inmediatas. Las consecuencias a largo plazo de la toma de decisiones situacional siempre serán peores que el costo inmediato.

No intentes hacerlo todo tú mismo. Si pudiera ayudar a todos los líderes a entender una sola cosa, sería que no tienen que hacerlo todo ellos mismos. Esto es especialmente cierto en áreas donde puede que estén mal equipados o poco informados, como la gerencia financiera.

Haz lo que mejor haces

En Hechos 6, las viudas griegas se quejaban de que no estaban recibiendo su comida. Los apóstoles acordaron que era una queja legítima, pero también sabían que corregir el problema estaba fuera de su llamado. Por lo tanto, los Doce convocaron una reunión y pidieron a todos los discípulos que asistieran.

Puedo imaginarme a uno de ellos levantándose en la reunión y diciendo algo como esto: "Las viudas se están quejando otra vez, y tenemos un malestar legítimo. No ha habido un buen manejo de la situación, pero nosotros no tenemos el tiempo o las habilidades para asegurar que el problema sea corregido adecuadamente. Nuestro enfoque está en difundir las buenas nuevas, preparar a la gente para la segunda venida, y dar dirección espiritual. La distribución de alimentos no es realmente nuestro fuerte. No tenemos ninguna experiencia en comprar ingredientes al por mayor, preparar comidas, o distribuir esas comidas de manera oportuna".

Según el registro de Hechos, los apóstoles pidieron a los asistentes a la reunión que eligieran *"a siete hombres de buena reputación, llenos del Espíritu y de sabiduría, para encargarles esta responsabilidad"* (Hechos 6:3 NVI). Esencialmente, querían nombrar personas que estuvieran calificadas para manejar la responsabilidad.

Cuando los hombres fueron elegidos, dirigieron el programa de distribución de alimentos de modo que los apóstoles pudieran concentrarse en otras cosas. Obviamente, debieron haber escogido a las personas adecuadas para el trabajo, porque el problema parece que desapareció después de aquella reunión.

Existe una gran diferencia entre entender el ministerio y entender el negocio del ministerio. La mayoría de los líderes eclesiásticos no están equipados para dirigir el negocio del ministerio, y probablemente tampoco están llamados a hacerlo. Su falta de educación formal y experiencia en esta área los convierte en un pasivo en lugar de un activo. En estos casos, los líderes deben apoyarse en consejeros de confianza que puedan proporcionarles la información que necesitan para tomar las mejores decisiones. Por eso recomiendo que los líderes empleen menos tiempo preocupados por su auditoría y más tiempo preocupados por su camino de información.

Existe una gran diferencia entre entender el ministerio y entender el negocio del ministerio.

PUNTOS DE ENSEÑANZA

1. La mayoría de los líderes no están preparados para presidir sobre asuntos financieros. Por ejemplo, los pastores normalmente no reciben formación en asuntos financieros; sin embargo, son llamados a servir como los principales oficiales ejecutivos de corporaciones multimillonarias.
2. Los líderes no tienen el tiempo para aprender en el trabajo, y los errores son costosos.
3. Los líderes necesitan admitir que no lo saben todo. Necesitan ser lo bastante sanos para pedir ayuda cuando la necesiten.
4. El buen consejo se encuentra en una multitud de consejeros.
5. A la hora de reunir consejeros...
    - Busca personas con diferentes trasfondos para ofrecer una perspectiva amplia.
    - Busca las mismas características que esperas de los sostenedores de escalera.
    - Busca un balance entre personas con las que te sentirías cómodo llamándolas en cualquier momento para pedir consejo, y a quienes pagas para tener una opinión independiente y exterior.
    - Busca a quienes no tengan temor a decirte la verdad.
6. Si tu organización no puede permitirse pagar el consejo necesario, no deberías estar haciendo lo que sea que estés haciendo, porque pagarás por ello de un modo u otro.
7. Los buenos consejeros nos dan...
    - Datos.

- Las implicaciones de los datos.
- Recomendaciones basadas en las implicaciones.
- Estrategias para implementar las recomendaciones.

8. Demandar información detallada y planificación estratégica a las personas que trabajan para nosotros es una manera de ayudarles a desarrollarse como líderes.
9. Los negativos financieros incluyen lo siguiente:
   - No dejes la toma de decisiones a tus consejeros.
   - No comprometas tus normas y valores éticos.
   - No intentes hacerlo todo tú mismo.
10. Los líderes deberían hacer lo que mejor hacen. Todo lo demás debería ser delegado a individuos designados por los líderes, como ocurrió en Hechos 6.
11. Existe una gran diferencia entre entender el ministerio y entender el negocio del ministerio.

Capítulo 11

DISTRIBUCIÓN DEL TIEMPO

"Evitar la frase 'No tengo tiempo...' pronto te ayudará a entender que sí tienes el tiempo necesario para cualquier cosa que decidas lograr en la vida."

—Bo Bennett
autor, *Year to Success*

Cassandra tenía pasión por la decoración. Le encantaba ayudar a sus amigas a escoger pintura y papel pintado, y siempre sabía dónde encontrar las mejores ofertas en muebles y objetos decorativos para el hogar. Mientras ayudaba a Susan con la decoración de su casa nueva, su amiga sugirió que Cassandra comenzara su propio negocio. Con el aliento de Susan, nació *Decoración de Interiores Cassandra.*

Al principio, a Cassandra le encantaba su trabajo. Siempre le había gustado coordinar telas y pintura, y ahora le pagaban por hacerlo. A medida que se difundió su buena reputación, la demanda de sus servicios aumentó. Con frecuencia trabajaba hasta bien entrada la noche después de meter en la cama a sus hijos, pero estaba energizada por su éxito y por la posibilidad de ganar dinero extra para sostener a su familia.

Pronto, sin embargo, las cosas comenzaron a cambiar. Cassandra solía esperar a sus hijos en la parada del autobús cada tarde, pero con el crecimiento de su negocio se vio obligada a matricularlos en un programa extracurricular donde ellos estarían cada día hasta que su papá pudiera ir a recogerlos después del trabajo. Con el ocupado horario de Cassandra, ya no tenía tiempo para cocinar para la familia. Compraba comida rápida de camino a casa después de sus compromisos, y pasaba las tardes trabajando en las facturas mientras sus hijos veían televisión en sus cuartos.

Poco después, en lugar de sentirse energizada, las largas horas comenzaron a hacer mella en ella, pero tenía que seguir trabajando. Había invertido una gran cantidad de dinero en su negocio, desde comprar una nueva computadora, comprar un muestrario de objetos decorativos populares, y cambiar su viejo auto por un nuevo SUV. El vehículo le daba una ventaja competitiva porque podía utilizarlo para entregar pequeños muebles y barras de cortinas a la medida, en lugar de contratar a otra persona para hacerlo. A medida que aumentaron sus gastos, era más importante que nunca que Cassandra siguiera aceptando nuevos clientes, para así poder pagar las facturas.

Pronto, el único momento que tenía disponible Cassandra para enseñar telas a sus clientes era en las tardes y los fines de semana. Lo que había comenzado como una empresa divertida ahora amenazaba con tomar el control de las cosas que ella había priorizado antes, como pasar tiempo con su familia. Cassandra quería seguir poniendo su familia en primer lugar, pero los ingresos extra significaban que podían permitirse cosas que por mucho tiempo habían estado por encima del alcance de sus finanzas, como el nuevo auto y unas vacaciones. Desde luego, realmente no podían irse de vacaciones porque Cassandra no podía permitirse sacar tiempo libre del trabajo. ¿Qué debía hacer? Si recortaba sus horas o dejaba de hablar con nuevos clientes, no sería capaz de hacer los pagos de su auto; pero si seguía con el negocio a ese ritmo, iba a perder a su familia. Cassandra confió a su amiga Susan su difícil situación, diciendo: "Lo que comenzó como diversión ahora me posee".

Evitar el agotamiento

Todos sabemos lo que es comenzar sintiéndonos energizados por un proyecto o tarea solamente para encontrarnos amedrentados poco después. ¿Cómo sucede eso? Supongo que nos sucede a nosotros del mismo modo que le sucedió a Cassandra: algo que comenzamos como diversión cobra vida propia. Se hace más grande que tan solo un pasatiempo, y se convierte en algo que toma el control de otras áreas de nuestra vida.

Alguien describió una vez el "agotamiento" como algo que sucede "cuando dejas de hacer lo que te gusta para participar en las actividades que apoyan el hacer lo que te gusta". A fin de que Cassandra se divirtiera escogiendo telas y papel pintado, tenía que solicitar nuevos clientes, hacer entregas, pasar tiempo haciendo cálculos, y facturando a los clientes. Pronto, pasaba más tiempo haciendo las cosas que apoyaban sus talentos del que pasaba realmente utilizando esos talentos.

He visto que lo mismo les ha sucedido a pastores jóvenes. Comenzaron emocionados por poder finalmente llevar a cabo su llamado, pero después de unos años en el trabajo, descubren que están empleando más tiempo tratando con el personal, del que pasan predicando desde el púlpito y ministrando de otras maneras entre su gente. Sus días están llenos de reuniones, pero no están realizando mucho ministerio. El agotamiento llega rápidamente porque no están empleando su tiempo en hacer lo que les energiza. Están haciendo lo que tienen que hacer para mantener llenas las cestas de la ofrenda y contentos a los feligreses.

Es imposible seguir nuestra pasión a menos que también manejemos las obligaciones requeridas de nosotros. Como líderes, con frecuencia intentamos compensar este desequilibrio trabajando más horas y más duro. En definitiva, nuestros recursos son limitados. Solamente tenemos veinticuatro horas en cada día. Un estilo de vida apresurado y falta de horas de sueño finalmente nos alcanzarán. Algo tiene que ceder.

Es imposible seguir nuestra pasión a menos que también manejemos las obligaciones.

Definir prioridades

La mayoría de las personas que lanzan un negocio o plantan una iglesia comienzan dispuestas a ir a cualquier lugar y hacer cualquier cosa. Trabajarán dieciocho horas diarias con una energía aparentemente ilimitada y una visión inagotable. Pero a medida que la organización crece y la carga de trabajo aumenta, tienen más demandas sobre su tiempo. La lista de quehaceres es más larga, pero completan cada vez menos cosas.

Para recuperar el control de nuestro tiempo, tenemos que comenzar evaluando y reordenando nuestras prioridades. En muchos aspectos, este proceso es paralelo al acto de definir nuestro enfoque, de lo cual hablamos en el primer capítulo. Pero definir nuestras prioridades va más allá de nuestro enfoque en el trabajo para incluir lo que es importante en nuestras vidas personales también. Nuestro enfoque en el trabajo puede que sea terminar una campaña de construcción, pero nuestra prioridad en la vida podría ser nuestra relación con Dios y con los miembros de nuestra familia. En ese escenario, independientemente de cuánto papeleo conlleve el nuevo proyecto de construcción, si Dios es nuestra prioridad, entonces pasar tiempo con Él debe estar en primer lugar. Si nuestra familia es una prioridad, entonces decidiremos ir al partido del pequeño Tommy y cambiar la reunión de las siete con el constructor.

La habilidad de tomar este tipo de decisiones es evidencia de que tenemos prioridades bien definidas. Una incapacidad de tomar estas decisiones indica que no tenemos claro lo que debería estar en primer lugar en nuestras vidas.

Una vez oí a alguien decir que cada sí está embarazado de un no. Cuando yo digo sí a asistir al partido de mi hijo, debo decir no a estar presente en la reunión en la iglesia. Cuando digo sí a trabajar los fines de semana, debo decir no a pasar tiempo con mi familia. Definir prioridades significa tener claro lo que es un sí y lo que es un no.

En su libro *When Work and Family Collide: Keeping Your Job from Cheating Your Family* [Cuando trabajo y familia colisionan], Andy Stanley dice que hacer trampas es "la decisión de renunciar a una cosa a fin de obtener otra cosa". El término "hacer trampas" por lo general conlleva una connotación negativa. Tendemos a pensar en hacer trampas o engañar en nuestros impuestos como manera de ahorrarnos algo de dinero, pero raras veces consideramos que estamos renunciando a nuestra integridad al hacerlo. Cuando hombres y mujeres engañan a su cónyuge, renuncian a su promesa de fidelidad.

Pero Stanley argumenta que todos nosotros somos engañadores, o hacemos trampas. Todos intercambiamos algo por otra cosa. Él destaca correctamente que podríamos trabajar 24 horas al día los siete días de la semana, y aún así, no lograr realizar todos los puntos de nuestra lista. De igual manera, podríamos dejar nuestro trabajo para quedarnos en casa con nuestra familia, y aún así nunca oír a los niños decir: "Ya he terminado de jugar, mamá/papá; ya puedes regresar al trabajo", o a nuestro cónyuge decir: "Ya es suficiente, cariño; me has ayudado tanto que ya no queda nada qué hacer en la casa".

Al final del día, "hacemos trampas" en nuestro trabajo para irnos a casa con nuestra familia, aunque sigue habiendo llamadas telefónicas que hacer, correos electrónicos que contestar, y papeleo que finalizar. También engañamos a nuestra familia cuando decimos a nuestros hijos: "Estaré en tu siguiente partido, cariño", o: "No me esperes levantado; llegaré tarde a casa". Ya que no podemos obtener más tiempo, Stanley recomienda que decidamos en este momento que diremos no al trabajo y sí a nuestra familia, haciendo así que ellos sean nuestra primera prioridad. Él defiende "hacer trampas" en el trabajo para poder pasar más tiempo con nuestra familia.

En su libro, Stanley usa el ejemplo de un ejecutivo que se ausenta del trabajo durante días e incluso semanas consecutivas para abordar una crisis en el hogar. Cuando un cónyuge o un hijo se enferma, o hay otro tipo de emergencia, a todos nos resulta fácil decir: "Tengo que irme ahora". Pero raras veces tenemos ese tipo de confianza sin una crisis. Si la familia es nuestra prioridad, debemos aprender a decirles sí a ellos y no a todo lo demás.

Poner las cosas en el orden apropiado

Seguimos teniendo la pregunta: ¿Cómo maximizamos nuestro tiempo? ¿Y cómo lo hacemos sin pedalear más rápido y no llegar a ninguna parte? Considera esta ilustración, incluso si la has oído antes. En un salón de clases, hay sobre una mesa un gran tanque de cristal cerca de cuatro cubos grandes. Un cubo está lleno de agua, el segundo de arena, el tercero de gravilla, y el último de rocas. Los cubos son solamente un poco más pequeños que el tanque. "Necesito que alguien llene este tanque usando todo lo que hay en estos cubos", anuncia el maestro a la clase.

Un alumno pasa adelante. Echa el agua y parte de la arena en el tanque hasta que el tanque está casi lleno. Entonces intenta añadir gravilla y algunas rocas, pero no puede hacerlo sin causar que el contenido del tanque se desborde. "Sigue intentándolo hasta que puedas meter en el tanque todo lo que hay en los cubos", le alienta el maestro. La tarea parece imposible. Después de intentarlo y fallar varias veces, el alumno cree que puede tener una solución, y decide probarla.

Primero, mete las rocas más grandes en el tanque; después mete la gravilla. La gravilla rellena los espacios alrededor de las rocas grandes, dejando espacio suficiente para añadir la arena. La arena llena todos los rincones y huecos hasta que el tanque se ve casi lleno, pero sin embargo aún hay espacio para el agua. Echa el agua, dejando los cubos vacíos y el tanque lleno. Ha encontrado un modo de lograr lo que parecía una tarea imposible.

Como líderes, nuestros días están demasiado llenos y sin el tiempo suficiente para hacerlo todo. Nuestra listas de quehaceres nos persiguen con sus metas inalcanzables. Cuando vemos una demostración tal como la que acabo de describir, somos tentados a pensar que la lección es esta: "Si lo intentas con bastante fuerza, puedes conseguir meter todo dentro". Pero ese no es el punto en absoluto. El mensaje que hay detrás de esta ilustración es que siempre debemos comenzar con las rocas grandes. Si no comenzamos con las rocas grandes, nunca podremos conseguir que todo lo demás encaje; sin embargo, si las rocas grandes están en su lugar, siempre habrá espacio suficiente para las cosas pequeñas.

Las rocas grandes representan nuestras prioridades. Si ponemos en primer lugar nuestras prioridades, podemos hacer que las otras cosas encajen en nuestro horario. Regresemos a la historia de Cassandra. Cuando ella mantenía la decoración como pasatiempo y ponía a su familia en primer lugar, tenía tiempo para su familia y tiempo para hacer lo que le gustaba. Pero cuando su trabajo fue la prioridad, aunque estaba haciendo lo que le "gustaba", no tenía tiempo suficiente ni para su familia ni para su negocio.

El tanque en la ilustración anterior representa nuestras vidas y el tiempo que albergan. Lo importante es el orden, o la prioridad, de las cosas que metemos en nuestros tanques, y no la cantidad de actividades que nos las arreglamos para hacer encajar.

ORGANIZA TUS PRIORIDADES

Para poder poner en primer lugar las "cosas grandes", necesitamos saber cuáles son esas "cosas grandes". Como líderes, necesitamos tener tanta claridad sobre nuestras prioridades como la que tenemos sobre nuestro enfoque. Cuando hayamos identificado nuestras prioridades, necesitamos decidir cómo manejaremos otras demandas que se hagan sobre nuestro tiempo y atención. Si decir sí a una prioridad significa decir no a otra cosa, necesitamos estar preparados para comunicar a las personas cuyas prioridades difieren de las nuestras la razón por la cual escogemos una cosa por encima de la otra. Cuando tenemos el control de lo que es y lo que no es una prioridad, podemos maximizar la productividad de nuestros días organizando nuestras prioridades.

Cuando tenemos el control de lo que es y lo que no es una prioridad, podemos maximizar la productividad.

Todd Duncan de *The Duncan Group* dice que no se trata de priorizar el orden de nuestro horario; se trata de organizar nuestras prioridades. Se refiere a que necesitamos ser proactivos respecto a tomar decisiones que honren nuestras prioridades. Al igual que el alumno pensó que necesitaba meter primero las rocas grandes en el tanque, nosotros tenemos que decidir cuáles son nuestras prioridades y después organizarlas: meterlas en el "tanque" de nuestro calendario antes de añadir nada más. La alternativa es reaccionar a lo que suceda durante el día, lo cual finalmente nos conducirá a hacer trampas en nuestras prioridades.

La distribución del tiempo no se trata de encontrar más tiempo o hacer encajar más cosas. Se trata de dar tiempo de modo deliberado e intencional a las cosas que consideramos una prioridad para nosotros. Todos tenemos la misma cantidad de tiempo en cada día, pero cada uno decide cómo distribuirá ese tiempo. No hagamos trampas en nuestras prioridades.

PUNTOS DE ENSEÑANZA

1. Si no somos deliberados respecto a establecer nuestras prioridades, lo que comienza como diversión puede finalmente poseernos.
2. El agotamiento sucede cuando dejamos de hacer lo que nos gusta a fin de participar en las actividades que apoyan el hacer lo que nos gusta.
3. Debemos definir nuestras prioridades, lo cual va más allá de nuestro enfoque en el trabajo para incluir lo que es importante en nuestras vidas personales.
4. Cada sí está embarazado de un no. No podemos decir sí a algo sin decir no a otra cosa.
5. Andy Stanley, en su libro *When Work and Family Collide: Keeping Your Job from Cheating Your Family* [Cuando trabajo y familia colisionan], dice que hacer trampas es "la decisión de renunciar a una cosa a fin de obtener otra cosa".
6. Cuando se trata de administración del tiempo, todos somos "engañadores". Necesitamos ser engañadores deliberados que deciden hacer trampas en el trabajo, no en la familia.
7. Si podemos encontrar tiempo para alejarnos del trabajo durante una crisis familiar, entonces deberíamos ser capaces de encontrar tiempo cuando no hay una crisis. Para poder hacer eso, necesitamos tener nuestras prioridades en el orden adecuado.

8. La idea de que podemos hacer encajar todo lo que necesitamos hacer si tan solo lo intentamos con la fuerza suficiente es un mito.
9. Debemos comenzar siempre con las rocas grandes (nuestras prioridades). Si no comenzamos con las rocas grandes, nunca podremos encajarlas en nuestras vidas. Sin embargo, cuando las rocas grandes están colocadas, siempre hay espacio para las rocas pequeñas, piedras, arena, y otras cosas.
10. Poner en primer lugar nuestras prioridades abre espacio para que todo lo demás encaje. Todd Duncan de *The Duncan Group* dice que no se trata de priorizar el orden de nuestro calendario; se trata de organizar nuestras prioridades.
11. La distribución eficaz del tiempo se trata de establecer, de modo deliberado e intencional, nuestro horario según nuestras prioridades.

CAPÍTULO 12

CONTROL VS. DELEGACIÓN

"Rodéate de las mejores personas que puedas encontrar, delega autoridad, y no interfieras."

—Ronald Reagan
cuadragésimo Presidente de los Estados Unidos

Cuando yo era presidente de *Beulah Heights University*, era como la mayoría de los líderes: estaba en la nada envidiable posición de ser capaz de escoger mi propio dolor. ¿A qué me refiero? Bien, cuando surgía un proyecto importante, yo podía decidir hacerlo yo mismo o delegarlo a otra persona. Y cualquiera de las opciones me causaba dolor.

Hacerlo yo mismo por lo general significaba trabajar largas horas, y dejar escapar otras responsabilidades mientras esbozaba mi camino en la tarea yo solo. Después de varias ocasiones de escoger esta opción, me di cuenta de que no era sabio. Otros aspectos de mi trabajo no recibían la atención que necesitaban mientras toda mi energía estaba enfocada en el proyecto. Y mi familia sufría porque yo tenía que pasar muchas horas en el trabajo.

En aquella época, sin embargo, delegar tareas a otras personas no parecía una mejor opción. Al hacerlo todo yo mismo, podía tener confianza en que el trabajo se haría exactamente del modo en que yo quería. Si delegaba alguna o toda la responsabilidad, me quedaría sin ninguna seguridad del resultado. Habría más preguntas que respuestas. "¿Y si no hace el trabajo del modo en que yo lo haría? ¿Y si su rendimiento no está a la altura de mis normas? ¿Y si fracasa totalmente, y termino teniendo que hacer otra vez el trabajo?".

Por eso dije que mi posición era "nada envidiable". Yo podía escoger entre el dolor de hacerlo yo mismo y el dolor de delegarlo.

Delegar dificultades

Cuando una organización continúa creciendo, llega un momento en que los líderes se dan cuenta de que no pueden hacerlo todo ellos mismos. Para los líderes que están acostumbrados a estar a cargo, esto significa un nuevo tipo de dolor: el dolor de delegar.

Cuanta más responsabilidad delego, más "fuera de control" estoy, y mayor es la oportunidad de que algo vaya mal. Delegar puede causar conflicto, decepción y desaliento; y siempre deja lugar a la posibilidad de que, después de todo, termine teniendo que realizar el proyecto yo mismo. Esa es la razón por la que los líderes decimos con frecuencia: "Si quiero que se haga bien, tendré que hacerlo yo mismo". Nos gusta el sentimiento de control que proviene de saber que subiremos o caeremos sobre la base de nuestro propio rendimiento. Sin embargo, el control puede camuflar dolor: el dolor relacionado con hacerlo todo nosotros mismos. La verdad es que no podemos hacerlo todo solos; y si lo intentamos, otros aspectos de nuestro trabajo y vida familiar sufrirán.

Podemos escoger ir solos. Sin embargo, cuando estamos en la situación, estamos destinados a quejarnos de que no hay nadie cerca para ayudarnos. En realidad, probablemente hay muchas personas dispuestas a ayudarnos, pero no estamos dispuestos a soportar el dolor de delegar. Cuando un líder sigue aferrándose mucho después de cuando debería haber soltado las riendas, es una buena señal de que se está ahogando. Solamente las personas que se están ahogando se aferran con fuerza, de modo que si alguien no quiere renunciar a algo, podría ser una señal de que se está ahogando. Intenta evitar al tipo de personas que no pueden soltar. Las víctimas que se están ahogando intentarán hundir a sus rescatadores junto con ellas en la lucha desesperada por mantenerse agarradas. Los líderes que no han aprendido a delegar están necesitados e inseguros, listos para ahogarse a sí mismos en su incapacidad de delegar en otros. Todos los líderes deben escoger qué tipo de dolor quieren soportar: el dolor de hacerlo todo ellos mismos o el dolor de delegar.

Tu umbral de dolor determina las alturas que alcanzarás

Cuanto mayor sea el dolor que puedes manejar como líder, más alto subirás. Al aprender a delegar, y manejar el dolor relacionado con ese proceso, ensanchamos nuestra base y ampliamos nuestros horizontes. La alternativa es mucho más dolorosa. Digamos, por ejemplo, que yo soy el presidente de una empresa, y me reservo el derecho exclusivo de aprobar peticiones de cheques. En este escenario, debo evaluar cada petición antes de que se emita un cheque. Ocasionalmente, un vendedor puede solicitar un cheque inmediatamente para que nuestra empresa se califique para un descuento o una fecha de entrega garantizada. En tales casos, debo detener cualquier cosa que esté haciendo para revisar la petición, autorizarla, y después pedir al contable que prepare el cheque. Sería sabio delegar esta responsabilidad a un asistente personal. Aunque hacerlo invita a correr el riesgo de que se cometan errores, los perjuicios de una negativa a delegar (interrupciones continuas, por ejemplo) son más graves y plantean una mayor amenaza a mi productividad.

CUANTO MAYOR SEA EL DOLOR QUE PUEDES MANEJAR COMO LÍDER, MÁS ALTO SUBIRÁS.

Un líder solamente llegará tan lejos como su umbral de dolor lo permita. En el ejemplo que acabamos de mencionar, esto significa que yo no delegaré la responsabilidad de revisar las peticiones de cheques a mi asistente personal, a menos que esté dispuesto a soportar el dolor de enseñarle y esté preparado para soportar el dolor de verle fallar. Si puedo manejar ese dolor, tendré a otra persona para revisar las peticiones de cheques, queriendo decir que yo ya no tendré que afrontar las interrupciones relacionadas con esa tarea. Podré lograr más, con una concentración mejorada, como resultado de haber delegado esa responsabilidad.

Finalmente, la altura hasta la que ascenderemos, como líderes, depende de la cantidad de dolor que podamos manejar. Si insistimos en mantener el control, las organizaciones que lideramos no crecerán más allá de nuestras propias capacidades. Pero si aprendemos a delegar, cuantas más responsabilidades asignemos a otros, más ampliaremos la base de nuestra organización. Desde luego, la única manera de hacer crecer la organización es ampliando la base.

Cuantas más responsabilidades asignemos a otros, más ampliaremos la base de nuestra organización.

IBM es una empresa donde los líderes hacen un trabajo excelente respecto a delegar responsabilidades a sus empleados, después de proveerles una completa formación. Los ejecutivos de la empresa entienden que algunos empleados, al ser formados, dejarán *IBM* y se irán a otra empresa donde pondrán en práctica sus habilidades. Pero en lugar de aislar o ignorar a ex empleados, la empresa los acepta. Cuando un empleado de IBM se va para aceptar otro trabajo, se le invita a unirse a la asociación de ex alumnos de *IBM*, conocida como *The Greater IBM Connection*. Como resultado, muchos ex empleados de *IBM* se convierten en nuevos clientes, adquiriendo productos y servicios *IBM*, y actuando como portavoces positivos en el mercado, en nombre de la empresa.

Aunque la pérdida de un empleado individual puede tener influencia en su gerencia, por lo general no afecta a la empresa en general. *IBM* tiene una visión a largo plazo. Los líderes de la empresa entienden que la formación y las experiencias que proporcionan a sus empleados seguirá sirviendo a las metas de la empresa, incluso si los empleados se van a otro lugar. Cuando llega el momento de negociar un contrato con un cliente, o se presenta una nueva oportunidad de venta, los gerentes en *IBM* tienen la opción de contactar con ex empleados que ahora estén trabajando para clientes o clientes potenciales.

De ese modo, *IBM* amplía su base tanto interna como externamente. Muchas organizaciones nunca crecerán porque no ven las ventajas de ampliar su base de esta manera.

El antídoto para el dolor

La solución al dolor de delegar se resume en lo que yo denomino las tres *D: descubrir, desarrollar y desplegar*. Tomemos al empleado A. Lo llamaremos Chuck. Cuando yo *descubro* que Chuck tiene muchas de las cualidades de liderazgo que discutimos anteriormente, decido que lo *desarrollaré* como líder, y pasaré tiempo ayudándolo a crecer. Pero no puedo detenerme ahí. En algún momento tengo que dejar de desarrollarlo, y comenzar a confiar en que está preparado para ocuparse de sus propias responsabilidades. Necesito comenzar a delegar cosas a Chuck. Tengo que *desplegarlo* como líder. Lo último que quiero hacer es levantar a un líder y después intentar mantenerlo quieto. Sin embargo, por eso muchos individuos inteligentes y trabajadores han sido sacados de sus lugares de trabajo, porque el líder no estaba dispuesto a desplegarlos. Como líderes, tenemos que recordar que cuanta más responsabilidad deleguemos, más alto subiremos.

En el capítulo 11, "Distribución del tiempo", hablé de la importancia de decir no. Pero delegar no se trata de decir no; delegar se trata de decir sí a permitir que otra persona lo haga. ¿Cuánto dolor estamos dispuestos a tolerar? La respuesta nos dirá lo alto que llegaremos como líderes.

Delegar se trata de decir sí a permitir que otra persona lo haga.

Puntos de enseñanza

1. Como líderes, tenemos que escoger entre el dolor de hacer una tarea nosotros mismos y el dolor de delegarla.
2. Hacerlo nosotros mismos por lo general significa trabajar largas horas y dejar que se escapen otras responsabilidades. Finalmente, aprendemos que no podemos hacerlo todo.
3. Cuando delegamos una responsabilidad, no tenemos seguridad alguna del resultado. De ese modo, delegar es una entrega de control. Cuanto más "fuera de control" estemos, mayor será la oportunidad de que algo vaya mal.
4. Cuando decidimos ir solos, podemos seguir quejándonos de que no hay nadie que nos ayude, cuando lo cierto es que hay personas dispuestas a ayudarnos; tan solo no estamos dispuestos a soportar el dolor de delegar.
5. Cuando un líder sigue aferrándose mucho después de cuando debería haber soltado la cosas, es una buena señal de que se está ahogando. Deberíamos evitar a tales personas, porque las víctimas que se están ahogando siempre intentan hundir a sus rescatadores junto con ellas.

6. Un líder subirá solamente tan alto como su umbral de dolor. Cuanto más dolor pueda manejar, más alto subirá.
7. Cuantas más responsabilidades delegamos, más ampliamos la base de nuestra organización.
8. La única solución al dolor de la delegación es las tres *D*:
   - Descubrir nuevos líderes.
   - Desarrollarlos como líderes.
   - Desplegarlos para que lideren a otros.

CAPÍTULO 13

EJECUCIÓN

"No es siempre que sepamos o analicemos antes de tomar una decisión lo que hace que sea una gran decisión. Lo que constituye una buena decisión es lo que hacemos después de tomarla para implementarla y ejecutarla."

—C. William Pollard
presidente emérito, *The Service Master Company*

El inminente almuerzo era muy importante para Linda. Sería su primera oportunidad de presentar a las personas importantes en su comunidad sus planes para revitalizar la zona del centro de la ciudad. Había planeado cuidadosamente los detalles de la reunión, y su equipo de trabajo los había ejecutado fielmente. O eso pensaba ella.

De camino a la reunión, supo que los principales oficiales ejecutivos de los tres negocios locales más grandes ni siquiera habían sido invitados. Después de consultar a su asistente, supo que estaba programado que todos llegaran a mediodía, pero el servicio de comidas no llegaría hasta las doce y media. Ahora, Linda tendría que pensar en algo para llenar treinta minutos, y dar la impresión de que era parte del programa desde un principio. También significaba que tendría que dar su discurso mientras todo el mundo estuviera comiendo, de modo que pudiera incluir todo lo que quería decir antes de que sus invitados tuvieran que regresar a sus oficinas para seguir trabajando.

Linda estaba furiosa con su equipo de trabajo por no estar a la altura de sus expectativas. Ese almuerzo no era de ninguna manera lo que ella había imaginado.

Expectativa vs. realidad

Podemos organizar todas las reuniones de personal que queramos, pero no conseguiremos nada a menos que alguien realmente *haga* algo. Linda tenía ciertas expectativas sobre cómo había que organizar el almuerzo, y creyó que las había comunicado a su equipo de trabajo; pero la realidad era muy distinta a la visión. La disonancia de expectativas no cumplidas, cuando la realidad no encaja con la visión, se conoce como *conflicto*.

Consideremos otro ejemplo. Digamos que acabas de contratar a una mujer llamada Cynthia. Naturalmente, tienes ciertas expectativas con respecto a su hora de llegada en la mañana, su hora de salida en la tarde, y su desempeño en sus rutinas de trabajo. Se produce conflicto cuando ella llega tarde, se va a casa temprano, o no hace un trabajo de calidad. Cynthia tiene sus propias expectativas, desde luego: cuál será su salario, cuántas horas por semana trabajará, lo que le pedirán que haga, y otras. Se produce conflicto cuando ella cree que estará dirigiendo a personas, y en cambio le mandan que traiga café para todo el equipo de trabajo; o cuando ella cree que los bonos estarán basados en las ventas, solamente para descubrir que están basados en la antigüedad en el trabajo.

Más que cualquier otra cosa, el liderazgo se trata de manejar expectativas. Nuestra tarea principal como líderes es minimizar la distancia entre expectativas y realidad. Cuanto más pongamos en línea ambas cosas, menos conflicto habrá. Y la mejor manera de asegurar que hay consonancia entre expectativas y realidad es comunicar los detalles clara y concretamente.

Nuestra tarea principal como líderes es minimizar la distancia entre expectativas y realidad.

En el primer ejemplo que compartí, Linda puede haber creído que había compartido con su asistente su visión completa para el almuerzo. Pero es posible que Linda estuviera más enfocada en la visión abstracta que en los detalles concretos de esa visión. Puede que comunicara solamente conceptos vagos, dejando a su asistente sin otra opción sino la de rellenar ella misma los detalles concretos. Desgraciadamente para Linda, los detalles que su asistente produjo no encajaban en la visión que Linda había imaginado.

Falta de ejecución

Iba yo en un auto con el pastor de una iglesia grande y prestigiosa, y estábamos hablando sobre el crecimiento que su congregación estaba experimentando, cuando repentinamente él interrumpió la conversación. "Perdone, pero necesito hacer una llamada a la iglesia. Su comentario me recordó algo". Usó su teléfono celular para llamar al líder de alabanza de su iglesia, y confirmar cierto detalle sobre el próximo servicio del domingo.

Cuando terminó la llamada, reanudamos nuestra conversación, pero no pasó mucho tiempo hasta que volvió a agarrar su celular. "Perdón", dijo. "Acabo de recordar que hoy teníamos que responder a la junta de zonificación con cierta información que necesitan para procesar nuestra petición de rezonificación. Déjeme llamar a la oficina y asegurarme de que se acordaron de ocuparse de ello".

Pasé varios días con este pastor, y durante el curso de nuestro tiempo juntos, nuestras conversaciones eran continuamente interrumpidas porque él hacía llamadas telefónicas para estar al tanto de una cosa u otra.

Para algunas personas, este pastor parecería desorganizado o un microgerente. Al haber visto la misma conducta mostrada por muchos otros líderes, yo sabía lo que ocurría. Él tan solo intentaba asegurarse de que su equipo de trabajo hiciera el seguimiento de lo que habían acordado hacer; estaba comprobando que su equipo hubiera realizado sus tareas, que hubiera ejecutado el plan. Veo todo el tiempo a líderes que actúan de ese modo. La verdad es que, después de que todo está dicho y hecho, usualmente es más lo que se ha dicho que lo que se ha hecho.

Después de que todo está dicho y hecho, usualmente es más lo que se ha dicho que lo que se ha hecho.

Mis clientes que son pastores de iglesias son especialmente rápidos en confirmar este hecho. Ellos me dicen que no está sucediendo nada en sus iglesias porque hay falta de implementación. Se despiertan en mitad de la noche preguntándose si se realizaron ciertas tareas: "¿Salió esa carta en el correo hoy? Espero que ella haya hecho esa llamada telefónica. Me pregunto quién se está ocupando de los detalles del funeral. ¿Enviaron a tiempo las declaraciones de contribuciones?". Cuando el pastor está fuera de la oficina, este tipo de preguntas ronda por su cabeza como si fueran mosquitos que él debe "espantar" constantemente llamando a la oficina, para asegurarse de que alguien se está ocupando de esas cosas.

Muchos pastores y otros líderes no tienen paz mental con respecto a delegar ciertas tareas a otras personas. La razón es que están rodeados de personas que dicen sí a una petición porque quieren llevarse el mérito, pero sin embargo no la realizan. Esas personas dejan los detalles al siguiente nivel y esperan que alguien los complete.

La solución a este problema puede ser tan sencilla como una estrategia que presenté por primera vez en el capítulo 3:

"Comunicación". Cuando estés en una reunión, no pases al siguiente punto en la agenda hasta que hayan contestado la pregunta: "¿Quién hace qué y cuándo?". Si esta pregunta no ha sido respondida, la tarea no se realizará.

"¿Quién hace qué y cuándo?" Si esta pregunta no ha sido respondida, la tarea no se realizará.

El *cuándo* es una parte crucial de esta ecuación. Nunca te quedes en la pregunta "¿quién hace qué?". No puedes permitirte olvidar el *cuándo*. Si yo le digo a alguien: "Por favor, comunícate conmigo lo antes posible", puedo estar seguro de que mi "lo antes posible" es menos tiempo que su "lo antes posible". Cuando le digo a alguien "llega allí temprano", ya sé que mi "temprano" es más temprano que su "temprano". A menos que pongamos un *cuándo* específico al lado del *quién* y del *qué*, estaremos frustrados. Un cuándo indefinido es lo mismo que no tener ningún cuándo.

Digamos que has solicitado un nuevo trabajo, y estás cerrando una entrevista con el gerente de recursos humanos. ¿Cuál de las siguientes frases te gustaría más oír?

a. "Me pondré en contacto con usted".

b. "Me pondré en contacto con usted la próxima semana".

c. "Me pondré en contacto con usted el próximo miércoles".

d. "Me pondré en contacto con usted el miércoles a las 10:00 de la mañana".

Preferirías oír la opción d, ¿verdad? Sé que así sería. La opción d. es la más concreta. Pero ¿y si el entrevistador dijera solamente: "Me pondré en contacto con usted pronto"? Supongamos que llegó otra oferta de trabajo el martes. No sabrás si aceptarla o no, ya que no sabes cómo define "pronto" el gerente de la primera empresa. Quizás "pronto" para él fuera el lunes; o quizás fuera el miércoles.

Como líderes, con frecuencia somos nosotros quienes se ocupan de las contrataciones. También somos responsables de establecer expectativas para las personas que empleamos. Y es justo establecer una línea de tiempo para cuándo han de cumplirse esas expectativas.

La mayoría de los líderes gritan: "¡Tan solo termínalo! ¡Haz que ocurra!". Pero es más fácil hacer que suceda cuando sabemos quién debe hacer qué y para cuándo. Louis V. Gerstner Jr., presidente por mucho tiempo de la junta de directores y principal oficial ejecutivo de *IBM*, es conocido por decir: "Las personas no hacen lo que tú esperas, sino lo que tú inspeccionas". Saber quién ha de hacerlo y cuándo ha de terminarse hace que sea más fácil para nosotros inspeccionar el trabajo y hacer rendir cuentas a la parte responsable.

"El método de la iniciativa es planear con audacia y ejecutar con vigor", escribió el autor Christian Nestell Bovee.

"Las personas no hacen lo que tú esperas, sino lo que tú inspeccionas."

Si los líderes quieren ver resultados y evitar conflicto, entonces les digo: pregunten quién estará haciendo qué y para cuándo, y entonces inspeccionen lo que ustedes esperan.

Puntos de enseñanza

1. Podemos organizar todas las reuniones de personal que queramos, pero no conseguiremos nada a menos que alguien en realidad *haga* algo.
2. Más que ninguna otra cosa, el liderazgo se trata de manejar expectativas.
3. El conflicto ocurre cuando hay una desconexión entre expectativas y realidad. Como líderes, somos responsables de minimizar la desconexión.

4. La mejor manera de poner en consonancia expectativas y realidad es comunicar los detalles clara y concretamente.
5. Después de todo, por lo general se dice más de lo que se hace.
6. Para mejorar la ejecución, en cada reunión asegúrate de hacer y responder la pregunta "¿quién hace qué y para cuándo?", antes de pasar de un punto de la agenda al siguiente. Si no se hace y se responde esta pregunta, el trabajo no se realizará.
7. Un *cuándo* indefinido es lo mismo que no tener ningún cuándo.
8. Cuando se trata de que les digan lo que se espera de ellas, las personas prefieren tener todos los detalles concretos posibles.
9. Louis V. Gerstner Jr. dijo: "Las personas no hacen lo que tú esperas, sino lo que tú inspeccionas".
10. Saber quién ha de hacerlo y cuándo ha de terminarse hace que sea más fácil para nosotros inspeccionar el trabajo, y hacer rendir cuentas a la parte responsable.

CAPÍTULO 14

PENSAMIENTO DE FUTURO

"La oportunidad de toda una vida debe aprovecharse dentro de la vida de la oportunidad."

—Leonard Ravenhill
evangelista británico

Era como cualquier otra reunión de equipo de trabajo en una iglesia de tamaño mediano. Primero, el pastor oró. Entonces, el contable dio un reporte sobre cuánto dinero se había recaudado y gastado durante el mes anterior. A continuación, el ministro de educación habló sobre las fluctuaciones en la asistencia a la escuela dominical, seguido del ministro de niños que resumió el éxito de la actividad de la Pascua de Resurrección el mes anterior. Después, la reunión mensual será prácticamente igual, excepto que el ministro de niños reportará sobre la escuela bíblica de vacaciones en lugar de la Pascua de Resurrección.

Este tipo de reunión se produce semanalmente o mensualmente en iglesias por todo el país. El problema no es que las reuniones sean aburridas, aunque probablemente lo son; el problema está en su enfoque. Esas reuniones solamente miran al pasado. Los participantes hablan de lo que ha sido, no de lo que llegará. A fin de administrar una organización eficaz, ya sea un negocio o una iglesia, los líderes necesitan emplear menos tiempo mirando al pasado y más tiempo anticipando el futuro.

Los líderes necesitan emplear menos tiempo mirando al pasado y más tiempo anticipando el futuro.

Planificación del futuro

El mundo en el que yo fui formado para ministrar ya no existe. No nos enseñaron cómo preparar un sermón utilizando multimedia; grandes pantallas que proyectan gráficas, mapas, versículos de la Biblia e incluso videos, con frecuencia hacen sombra a los púlpitos de las iglesias hoy. El uso de canto, danza o breves dramas para preparar el sermón también es popular en muchas iglesias. El modo en que me formaron para predicar, enseñar, administrar y aconsejar ya no se considera eficaz o suficiente.

Pensemos por un momento en todos los cambios que se han producido en nuestro mundo en las últimas décadas. Las computadoras y la Internet han cambiado nuestras vidas, creando nuevas maneras de hacer trámites bancarios, comprar y viajar. La proliferación de teléfonos celulares (y ahora teléfonos inteligentes) ha transformado nuestra manera de comunicarnos. Incluso nuestros hogares, edificios de oficinas e iglesias se construyen de modo distinto a como se hacía hace unos años.

Ahora bien, supongamos que hoy envío a mi primer hijo al kínder. ¿Cómo será la vida para él cuando se gradúe de secundaria? ¿Usará un teléfono? ¿Seguiremos usando el correo electrónico? ¿Cómo verá la televisión? ¿Qué temas estudiará en la universidad? ¿Qué empleos tenemos hoy que no estarán aquí para entonces? ¿Tendrá él que salir de su casa para ir al trabajo?

En mi libro *Futuring: Leading Your Church into Tomorrow* (Mirando el futuro: llevando tu iglesia hacia el mañana) aliento a los líderes de iglesias y otras organizaciones a hacerse ese tipo de preguntas regularmente. Los líderes eclesiásticos deberían organizar sesiones de planificación durante las cuales sus equipos pensaran creativamente e hicieran proyecciones sobre cómo será la iglesia dentro de algunos años, de tres a cinco como máximo. Divide al equipo en grupos, y dales preguntas para investigar. Entonces pídeles que compartan sus descubrimientos en otra reunión tres meses después.

Aquí tenemos algunas preguntas para comenzar. Durante los tres a cinco próximos años...

- ¿Cómo cambiará la demografía de nuestra congregación?
- ¿Tendremos más miembros varones, o hembras?
- ¿Qué grupo de edad crecerá con más rapidez?
- ¿Cómo se verán los vecindarios que rodean la iglesia?
- ¿Qué desarrollos locales están planeados que aún no conocemos? ¿Hay un plan para construir cerca un gran supermercado, una nueva escuela, o un complejo de apartamentos sociales para personas con bajos ingresos?
- ¿Hay planeada una nueva autopista que atravesará el estacionamiento y ocupará doce mil metros cuadrados de nuestra propiedad? ¿Cómo cambiará el flujo de tráfico basándonos en nuevos patrones de construcción?

Las respuestas a algunas de estas preguntas puede que estén disponibles en el ayuntamiento, la Cámara de Comercio, u otra oficina local. Otras preguntas pueden responderse siguiendo indicios de corporaciones locales. Si *McDonald´s* se ha trasladado recientemente al vecindario, probablemente puedes suponer que la corporación cree que el vecindario será estable a largo plazo. Si la franquicia local de *McDonald´s* construye un parque infantil, la investigación de la corporación probablemente haya indicado que hay cerca muchas familias en crecimiento.

¿Está considerando la junta escolar local la construcción de una nueva escuela? Si es así, entonces probablemente haya un crecimiento proyectado para los próximos cinco a diez años. ¿Es el edificio propuesto una escuela elemental o de secundaria? ¿Qué indica la respuesta sobre la demografía de la zona? ¿Se están llevando canalizaciones de agua o líneas eléctricas a cierta ubicación? ¿Ha proyectado un desarrollador planes para una subdivisión?

Responder ese tipo de preguntas puede ayudarnos a anticipar cómo pueden cambiar las necesidades de nuestra congregación en el futuro cercano.

Supongamos que alguien en tu equipo de trabajo regresa en unos meses con información que sugiere que la comunidad latina cercana a la iglesia tiene probabilidad de explotar en unos años. Supongamos también que ha sabido que hay planes de construir un complejo de viviendas sociales en el bloque de al lado. Armado con esos descubrimientos, puedes tomar decisiones más informadas acerca de los ministerios y programas de tu iglesia. Por ejemplo, ¿tienes a alguien en el equipo de trabajo que hable bien español? ¿Has considerado un ministerio de inglés como segundo idioma (ESL)? ¿Deberías añadir un servicio dirigido en español? ¿Qué otros servicios puedes ofrecer a la comunidad local? ¿Deberías considerar comenzar un lugar de cuido diurno?

Alguien dijo una vez: "Las oportunidades nunca se posponen; se pierden para siempre". Perderemos oportunidades si no somos intencionales con respecto a nuestra planificación. Debemos ser líderes "del futuro" que emplean más tiempo pensando el futuro y menos tiempo pensando en el pasado. Imaginemos cómo sería transformada la reunión de personal del comienzo de este capítulo si, en lugar de mirar hacia atrás, los participantes miraran hacia delante. Lo único que podemos hacer respecto al pasado es aprender de él; pero para que esas lecciones tengan valor, tienen que ser aplicadas al futuro.

"Las oportunidades nunca se posponen; se pierden para siempre."

LÍDERES DEL FUTURO

Los líderes del futuro prevén tendencias, imaginan escenarios, y ayudan a crear un futuro deseado. Los líderes del futuro están impulsados por la visión. Dicen cosas como: "¿Hacia dónde vamos? ¿Qué vamos a hacer?", y no: "¿Dónde hemos estado?". Cuando conducen un auto, pasan más tiempo mirando por el parabrisas que por el espejo retrovisor.

En una reunión dirigida por un líder del futuro, el tiempo se empleará en hablar de cosas que estén surgiendo, en lugar de cosas que ya hayan sucedido. Un líder del futuro aplica intencionadamente las lecciones del pasado a actividades futuras. Toda su manera de pensar está enfocada en el futuro.

Un líder del futuro aplica intencionadamente las lecciones del pasado a actividades futuras.

Los líderes del futuro tienen una manera única de manejar la disciplina del equipo de personal. Si un empleado comete un error, en lugar de meramente citárselo, un líder del futuro dice: "La próxima vez, asegúrese de hacer tal y tal cosa". Su vocabulario refleja su enfoque en el futuro.

Regresando al ejemplo anterior de una reunión de personal, un contable que trabaje para un líder del futuro no informará exclusivamente de ganancias pasadas, sino también ofrecerá proyecciones. Sabe que la planificación financiera y estratégica van de la mano. De igual modo, cuando llega el turno de hablar al ministro de niños, ella tomará pocos minutos para informar brevemente de lo que sucedió en la escuela bíblica de vacaciones este año. La mayor parte de su tiempo la empleará en hablar de planes para el próximo año.

RETOS PARA LÍDERES DEL FUTURO

Los líderes del futuro deben:

1. Enfocar en el futuro la mayoría de sus esfuerzos.
2. Entender la naturaleza fundamental del cambio.
3. Apreciar sistemas complejos y su funcionamiento.
4. Examinar su estilo de liderazgo.
5. Crear una visión compartida para construir puentes en el futuro.

Es emocionante estar cerca de líderes del futuro porque ellos siempre ven las posibilidades: lo que puede ser. Pero nadie puede ser un líder del futuro a solas. Los líderes del futuro necesitan el apoyo de su equipo de trabajo, razón por la cual deben tomar tiempo también para ayudar a sus empleados a aprender a mirar hacia adelante más que hacia atrás.

LOS LÍDERES DEL PASADO PUEDE QUE NO SEAN LÍDERES DEL FUTURO

Una de las lecciones más difíciles de aprender es que las personas que nos condujeron a donde estamos ahora, puede que no sean las mismas personas que nos llevarán hacia el futuro. Las personas que llevaron una iglesia de 100 a 200 miembros puede que no sean las que la llevarán de 200 a 300. Las personas que ampliaron nuestra base de clientes de cinco a quince puede que no sean las mismas que harán crecer aún más nuestra lista de clientes a treinta. El liderazgo siempre cambia, y de manera necesaria. No es que los líderes se vuelvan incapaces de liderar. Es que son incapaces de ver la organización de modo muy diferente a como estaba cuando ellos llegaron.

Las personas que nos condujeron a donde estamos ahora, puede que no sean las mismas personas que nos llevarán hacia el futuro.

Cuando Lewis se incorporó como director de desarrollo de una pequeña universidad, la matrícula era de 3.000 personas. En un período de varios años, la población estudiantil creció hasta casi 7.000, pero él la ve como una escuela de 3.000 miembros, y quiere seguir tomando decisiones como si lo fuera. Las personas tienden a ver las cosas de la manera que eran cuando llegaron. Con frecuencia es difícil para ellas ajustarse a un nuevo paradigma.

Necesitamos reclutar líderes con pensamiento de futuro para que nos acompañen. Necesitamos en nuestro equipo personas que puedan imaginar el futuro. Algunos de nuestros líderes originales no podrán hacer el viaje con nosotros, así que necesitamos planear cómo desconectarnos de ellos. Este tipo de transición puede demostrar ser difícil, pero es necesaria.

Walt Disney murió antes de que *Disney World* estuviera terminado. Cuando la construcción del parque fue finalizada, alguien dijo: "¡Qué malo que Walt Disney no viviera para ver esto!". Mike Vance, director creativo de los Estudios Disney, respondió: "Él lo vio; y por eso está aquí".[6]

El modo de pensar de Walt Disney lo resume bien el erudito y teórico John Schaar, quien dijo: "El futuro no es el resultado de decisiones entre caminos alternos ofrecidos por el presente, sino un lugar que es creado; creado primero en la mente y la voluntad, y creado después en actividad. El futuro no es algún lugar hacia donde vamos, sino uno que estamos creando".

6. Dave Kraft, "The Leader's Vision," http://www.davekraft.org/posts/2015/4/12/the-leaders-vision.html.

Como líderes, necesitamos tener nuestra mente enfocada en crear un futuro que imaginamos, y dar pasos para que se produzca.

PUNTOS DE ENSEÑANZA

1. No importa nuestro ámbito de negocio, el mundo que fuimos formados para liderar ya no existe.
2. Considera por un minuto cómo ha cambiado el mundo en las últimas décadas. Ahora, considera de qué maneras puede haber cambiado cuando los niños que hoy están en el kínder se gradúen de secundaria. Este es el tipo de pensamiento que necesitamos practicar en las organizaciones que dirigimos.
3. Organiza una sesión para hacer que tu equipo piense creativamente acerca de lo que puede suceder tu negocio u organización en los tres a cinco años próximos. Divide a todos en grupos pequeños y dales tipos de preguntas concretos para investigar. Pídeles que hablen de sus descubrimientos dentro de tres meses.
4. Las oportunidades nunca se posponen; se pierden para siempre. Perderemos oportunidades si no somos intencionales acerca de prepararnos para ellas.
5. Los líderes necesitan emplear más tiempo pensando en el futuro y menos tiempo pensando en el pasado.
6. Lo único que podemos hacer con respecto al pasado es aprender de él, y las lecciones son valiosas solamente si las aplicamos al futuro.
7. Los líderes del futuro:
    - Prevén tendencias, imaginan escenarios, y ayudan a crear el futuro deseado.

- Miran por el parabrisas, no por el espejo retrovisor, mientras conducen.
- Están impulsados por la visión.
- Dicen cosas como: "¿Hacia dónde vamos?" y "¿Qué vamos a hacer?", y no "¿Dónde hemos estado?".
- Dirigen las discusiones en las reuniones hacia lo que vendrá, en lugar de lo que ya ha sucedido.
- Hablan con un vocabulario que refleja un enfoque en el futuro.

8. Los empleados que trabajan para líderes del futuro:
    - Tratan con proyecciones al igual que con reportes.
    - Emplean mucho más tiempo planificando para el futuro que informando sobre el pasado.
9. No podemos ser líderes del futuro sin el apoyo de un equipo de personal que haya aprendido a mirar hacia adelante más que hacia atrás.
10. Una de las lecciones más difíciles de aprender es que los líderes que nos llevaron hasta el punto donde estamos ahora puede que no sean los líderes que nos llevarán al futuro.
11. John Schaar dijo: "El futuro no es el resultado de decisiones entre caminos alternativos ofrecidos por el presente, sino un lugar que es creado; creado primero en la mente y la voluntad, y creado después en actividad. El futuro no es algún lugar a donde vamos, sino uno que estamos creando".
12. Como líderes, necesitamos tener nuestra mente enfocada en crear el futuro que imaginamos, y dar pasos para que se produzca.

CAPÍTULO 15

DEJAR UN LEGADO

"Este es el comienzo de un nuevo día. Se te ha dado este día para que lo uses como quieras. Puedes desperdiciarlo o usarlo para bien. Lo que hagas hoy es importante porque estás intercambiando un día de tu vida por él. Cuando llegue mañana, este día se habrá ido para siempre; en su lugar está algo que has dejado atrás... que sea algo bueno."

—Autor anónimo

En la Introducción a este libro describí una roca que cayó por un monte durante un alud de barro, y llegó a descansar en medio de la carretera, bloqueando por completo el camino de modo que ningún conductor podía rodearla. Fue para ilustrar lo que sucede cuando algo nos obstaculiza para que no seamos un líder exitoso.

Entonces, en los capítulos que siguieron identifiqué quince retos que todos los líderes enfrentan en todo lugar. Son las rocas que bloquean nuestras carreteras; los temblores que mueven nuestra escalera de liderazgo. En distintos momentos en nuestra carrera, puede que sintamos que hemos dominado uno o más de esos retos, pero lo cierto es que nunca llegamos a conquistar completamente ninguno de ellos. Los mismos retos seguirán reapareciendo de maneras nuevas y diferentes a medida que crecemos.

Terminar este libro en el reto de dejar un legado, entonces, podría parecer un poco extraño. ¿No es el legado algo que nos esforzamos por dejar atrás cuando muramos? ¿Cómo podía ser eso un reto en este momento? Además, realmente no tenemos mucho control sobre nuestro legado, ¿no es cierto?

En realidad, no tenemos que estar muertos para dejar un legado. Creamos nuestro legado cada día en el modo en que manejamos los retos que enfrentamos. El concepto de legado subraya cada uno de los catorce retos de los que ya hemos hablado. Por eso lo reservé para el final. Repito que el modo en que manejamos cada uno de los catorce retos anteriores determina cuál es y será nuestro legado.

Creamos nuestro legado cada día en el modo en que manejamos los retos que enfrentamos.

Concretamente, nuestro legado depende de...

- Nuestro enfoque.
- Lo bien que lanzamos nuestra visión.
- Cómo comunicamos.
- Cómo tomamos decisiones.
- El equipo que escogemos.
- Los líderes que desarrollamos.
- Cómo manejamos el cambio.
- Cómo manejamos el conflicto.
- Si logramos congruencia organizacional.
- Cómo manejamos el dinero.
- Cómo distribuimos nuestro tiempo.
- Lo bien que delegamos responsabilidad.
- Nuestra capacidad para ejecutar planes.
- Nuestra planificación para el futuro.

El legado que dejemos, sea nuestra partida a otra empresa o a la otra vida, está determinado por el modo en que manejemos la lista anterior de retos. Nuestras decisiones, acciones y conducta se convierten en el legado que dejamos atrás. ¿Qué tipo de legado estamos creando? Necesitamos recorrer nuestra carrera en el liderazgo con el fin siempre en mente. Necesitamos vivir intencionalmente de tal manera que transmitamos nuestros valores fundamentales a quienes nos rodean y finalmente a la siguiente generación.

Lo que la Biblia dice sobre legado

En Juan 15:16 Jesús dijo a sus discípulos: *"No me elegisteis vosotros a mí, sino que yo os elegí a vosotros, y os he puesto para que vayáis y llevéis fruto, y vuestro fruto permanezca; para que todo lo que pidiereis al Padre en mi nombre, él os lo dé"*.

Hay tres componentes en este versículo, y cada uno de ellos es relevante para nuestras vidas y nuestros legados. **El primer componente está en tiempo pasado, y describe la parte de Dios.** Él dice que nos ha elegido y nos ha puesto. Eso es algo que Él ya ha hecho; no podemos hacer nada al respecto, sino aceptarlo con gratitud.

En el segundo componente del versículo, Jesús dice que **deberíamos ir y llevar fruto.** Esto es algo activo; es la única parte sobre la cual tenemos control. Muchos de nosotros cumplimos este mandato en las organizaciones que lideramos. Construimos nuevas instalaciones, comenzamos nuevos programas y aumentamos nuestros negocios. Trabajamos duro haciendo nuestra parte, y somos emocionados y bendecidos por el fruto que vemos como resultado.

En la parte final del versículo, Jesús promete que todo lo que pidamos en el nombre del Padre, lo recibiremos de Él. Pero hay una condición a esta promesa: debemos llevar fruto, y **ese fruto debe permanecer.** Muchas personas pasan por alto esta parte. No es que debamos dar cualquier tipo de fruto; hemos de llevar el tipo de fruto que permanece. De modo que la verdadera pregunta es: ¿qué estamos haciendo para asegurarnos de que nuestro fruto permanezca?

Con frecuencia les digo a pastores de iglesias inmensas y presidentes de grandes empresas: "Este es un campus estupendo lleno de instalaciones maravillosas, pero un día no estarán". Los edificios serán derribados. Programas y ministerios pueden cambiar con tanta rapidez como el liderazgo. Instalaciones e infraestructura vendrán y se irán. Entonces, ¿qué permanecerá? Si muriéramos hoy, o si nuestra empresa dejara de existir, ¿qué permanecería?

Yo creo que lo único que verdaderamente permanece es el *quién*, nunca el *qué*. Por eso es importante para nosotros, como líderes, no quedar enredados en el *qué* que nos rodea. Necesitamos invertir en las personas por encima de todo, sean esas personas nuestros constituyentes: los miembros de la iglesia que pastoreamos o los clientes de nuestras empresa, que se benefician del *qué* (programas y edificios), o sean esas personas los líderes que hemos desarrollado y que llevarán su propio fruto. En cualquiera de los casos, tenemos que decidir que nuestro legado no se tratará de edificios, bonos o balances.

Lo único que verdaderamente permanece es el* quién*, nunca el* qué*.

Sí, estamos haciendo una buena obra al llevar fruto, y deberíamos celebrar eso. Pero para llevar fruto que permanece, tenemos que invertir en otras personas. Eso no significa que dejemos todas nuestras labores; en cambio, significa que ponemos más atención en quienes permanecen. Nuestro legado debe tratarse de otras personas, primero y por encima de todo. ¿Qué estamos haciendo intencionalmente para invertir en otros? ¿Cómo nos estamos asegurando de que nuestro legado permanecerá en ellos, y que su legado permanecerá en otros?

Cuando encontramos lo que permanece y comenzamos a invertirnos nosotros mismos en ello, esa acción no solo define nuestros legados, sino que, según el versículo, significa que Dios responderá nuestras oraciones. Todo lo que pidamos en su nombre, Él nos lo dará. Solamente personas, nunca cosas, pueden ser nuestro legado.

El reto del legado

Ha habido varios temas recurrentes en este libro, incluidos la importancia del enfoque, planificación estratégica y vivir intencionalmente. Hemos hablado sobre cuándo concentrarnos en el *quién* y cuándo enfocarnos en el *qué*. También hemos hablado de la diferencia entre comunicación abstracta y comunicación concreta. Todos estos temas se unen bajo el legado. Nadie quiere un legado abstracto.

Queremos tener un legado concreto. En lugar de: "Él era un buen hombre", queremos que las personas digan: "Él dio su almuerzo a un niño hambriento". En lugar de: "Ella fue una buena líder", queremos oír: "Ella invirtió en mí". Después de cambiar de empleo, avanzar hacia nuevos retos o irnos para estar con el Señor, queremos que otros nos recuerden por rasgos de carácter específicos, concretos, y acciones correspondientes que edificaron a otros, mejoraron nuestra organización, y avanzaron el reino de Dios.

En un esfuerzo por ayudarte a que te enfoques en edificar un legado deseado y duradero de fruto que permanece, he incluido una hoja de trabajo de intencionalidad pensada para ayudarte a considerar cómo tu respuesta a cada uno de estos retos dará forma a tu legado.

Piensa en las ideas que han sido presentadas sobre cada reto, y después toma un momento para anotar cómo planeas manejar cada una, en términos generales. Por ejemplo, bajo "conflicto", podrías escribir: "Cuando sea desafiado por el conflicto, tengo intención de enfrentarlo de cara y asegurarme de que ambas partes terminen en una relación sana, independientemente del resultado". Bajo "ejecución", podrías escribir: "Cuando sea desafiado por la ejecución, me esforzaré para asegurarme de que comunico mis expectativas a mi equipo, de manera lo más clara y concreta posible".

Hoja de trabajo de intencionalidad

1. Cuando sea desafiado por el enfoque, tengo intención de ____
____
____
____
____

2. Cuando sea desafiado por lanzar la visión, tengo intención de
____
____
____
____

3. Cuando sea desafiado por la comunicación, tengo intención de ______________________________
____
____
____

4. Cuando sea desafiado por la toma de decisiones, tengo intención de ______________________________
____
____
____

5. Cuando sea desafiado por escoger al equipo, tengo intención de ______________________________
____
____
____

6. Cuando sea desafiado por el desarrollo de liderazgo, tengo intención de ______________________________
____
____
____

7. Cuando sea desafiado por el cambio y la transición, tengo intención de ____
____
____
____

8. Cuando sea desafiado por el conflicto, tengo intención de __
____
____
____
____

9. Cuando sea desafiado por la congruencia organizacional, tengo intención de ____
____
____
____

10. Cuando sea desafiado por la administración financiera, tengo intención de ____
____
____
____

11. Cuando sea desafiado por la distribución del tiempo, tengo intención de ____
____
____
____

12. Cuando sea desafiado por el control y la delegación, tengo intención de ____
____
____
____

13. Cuando sea desafiado por la ejecución, tengo intención de
____
____
____
____

14. Cuando sea desafiado por el pensamiento de futuro, tengo intención de ______________________________________
____
____
____

15. Tengo intención de que mi legado sea ________________
____
____
____
____

El punto de este ejercicio es ayudarte a tomar lo que has leído y comenzar intencionalmente a practicarlo. Tener un plan estratégico para dejar un legado nos ayudará a remontar cada reto de modo que dé fruto que permanezca mucho después de que nosotros ya no estemos.

En Juan 17:4 Jesús dijo: "*Yo te he glorificado en la tierra; he acabado la obra que me diste que hiciese*". El mismo versículo en la Nueva Traducción Viviente dice: "*Yo te di la gloria aquí en la tierra, al terminar la obra que me encargaste*". No hay mejor manera de terminar que completar lo que se nos ha asignado hacer, y que nuestro fruto permanezca. Esa es mi esperanza y mi oración para ti.

No hay mejor manera de terminar que completar lo que se nos ha asignado hacer, y que nuestro fruto permanezca.

PUNTOS DE ENSEÑANZA

1. Ningún líder es inmune a los dieciséis retos que hemos presentado. Los mismos retos seguirán produciéndose de maneras nuevas y distintas a medida que crecemos.
2. Nuestro legado depende de cómo manejemos los retos que enfrentamos. Nuestras decisiones, acciones y conducta se convierten en el legado que dejamos.
3. Necesitamos comenzar nuestra carrera de liderazgo con el fin en mente. Necesitamos vivir intencionalmente de tal modo que transmitamos nuestros valores fundamentales a la siguiente generación.
4. Jesús dijo: "*No me elegisteis vosotros a mí, sino que yo os elegí a vosotros, y os he puesto para que vayáis y llevéis fruto, y vuestro fruto permanezca; para que todo lo que pidiereis al Padre en mi nombre, él os lo dé*" (Juan 15:16).

- La primera parte del versículo está en pasado: Dios ya se ha ocupado de ello.
- En la segunda parte, Jesús dice que deberíamos ir y llevar fruto. Esto es algo activo: la parte sobre la que tenemos control.
- En la última parte del versículo, Jesús promete que todo lo que pidamos en nombre del Padre, el Padre nos lo dará, con la condición de que llevemos fruto que permanece.
- Así que la verdadera pregunta es: ¿Qué estamos haciendo para asegurarnos de que nuestro fruto permanezca?

5. Lo único que verdaderamente permanece es el *quién*, nunca el *qué*.
6. Es importante para nosotros, como líderes, no quedar enredados en el qué que nos rodea. Necesitamos invertir en las personas y preguntarnos: ¿Qué estamos haciendo para invertir intencionalmente en otros? ¿Cómo podemos asegurarnos de que nuestro legado permanezca en ellos, y que su legado permanezca en otros?
7. Solamente personas, nunca cosas, pueden ser nuestro legado.
8. Tener un plan estratégico para dejar un legado nos ayudará a superar cada reto de modo que dé fruto que permanezca mucho después de que ya no estemos.
9. Jesús dijo: "*Yo te di la gloria aquí en la tierra, al terminar la obra que me encargaste*". No hay mejor manera de terminar que completar lo que se nos ha asignado hacer, y que nuestro fruto permanezca.

Acerca del autor

¡Quién habría pensado que el alumno Sam Chand, que trabajó como conserje, cocinero y lavaplatos en *Beulah Heights Bible College* en 1973 regresaría como presidente del mismo instituto en 1989! Bajo su liderazgo, el instituto llegó a ser el instituto bíblico predominantemente afroamericano más grande del país. En la actualidad, el Dr. Sam Chand es expastor, presidente universitario y rector, sirviendo actualmente como presidente emérito de *Beulah Heights University*. En este periodo de su vida hace una cosa: liderazgo. La singular visión para su vida es "Ayudar a otros a tener éxito". El Dr. Chand es ampliamente considerado un arquitecto y consultor de liderazgo, autor, estratega de cambio y conferencista, pero también es conocido como liberador de sueños. Fue nombrado en una lista de los treinta principales gurús de liderazgo globales. El Dr. Chand vive con su esposa, Brenda, y sus dos hijas en la zona de Atlanta, Georgia.